Herbergen der Christenheit

Sonderband 20

Herbergen der Christenheit

Jahrbuch für deutsche Kirchengeschichte

Sonderband

20

Helmar Junghans (1931-2010) als Kirchenhistoriker

2. Leipziger Arbeitsgespräch zur Reformation aus Anlass seines 80. Geburtstags

Herausgegeben von
Armin Kohnle

EVANGELISCHE VERLAGSANSTALT
Leipzig

Gedruckt mit freundlicher Unterstützung der
Vereinigten Evangelisch-Lutherischen Kirche Deutschlands, des
Fördervereins der Sächsischen Akademie der Wissenschaften zu Leipzig, der
Evangelisch-Lutherischen Landeskirche Sachsens, der
Arbeitsgemeinschaft für Sächsische Kirchengeschichte und des
Instituts für Kirchengeschichte der Universität Leipzig.

Bibliographische Information der Deutschen Nationalbibliothek
Die Deutsche Nationalbibliothek verzeichnet diese Publikation in
der Deutschen Nationalbibliographie; detaillierte bibliographische
Daten sind im Internet über http://dnb.dnb.de abrufbar.

Printed in Germany · H 7542

Gedruckt auf alterungsbeständigem Papier
Layout und Satz: Institut für Kirchengeschichte der Theologischen Fakultät Leipzig
Umschlaggestaltung: Jochen Busch, Leipzig
Druck und Binden: Hubert & Co., Göttingen

ISBN 978-3-374-03072-9
www.eva-leipzig.de

Inhalt

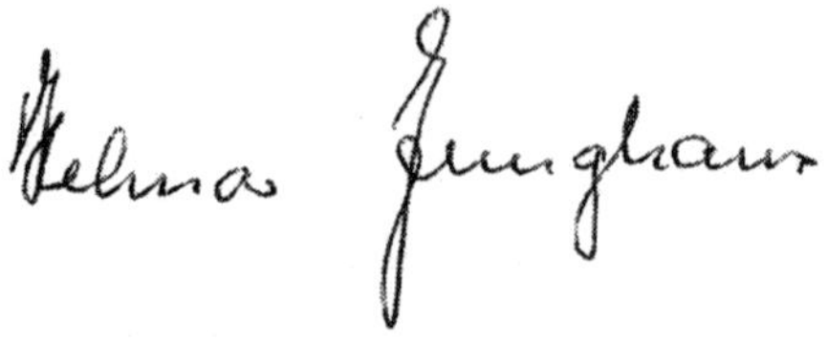

Zur Einführung

Am 19. Oktober 2011 wäre Helmar Junghans 80 Jahre alt geworden. Aus diesem Anlass lud das Leipziger Institut für Kirchengeschichte seine Familie sowie einige seiner Schüler, Kollegen und Wegbegleiter am Reformationstag 2011 zu einem akademischen Gedenken nach Leipzig in den Alten Senatssaal der Universität ein. Mit dieser Veranstaltung war eine doppelte Absicht verbunden: Zum einen sollte die Lebensleistung des am 16. Mai 2010 Verstorbenen noch einmal anders gewürdigt werden, als es 2001 anlässlich seines 70. Geburtstags durch Herausgabe seiner ausgewählten Aufsätze[1] und 2006 zu seinem 75. Geburtstag durch einen Festakt im Refektorium des Wittenberger Lutherhauses schon geschehen war. Zum andern sollte mit dem Akademischen Gedenken für Helmar Junghans die Reihe der am Reformationstag 2009 begonnenen Leipziger Arbeitsgespräche zur Reformation[2] mit Fachvorträgen fortgesetzt werden.

Dieser doppelten Zielsetzung entsprechend enthält der vorliegende Band Texte von zweierlei Art: Zum einen wird der Reformations- und Lutherforscher Junghans in sieben kompakten Beiträgen von Schülern und Kollegen als akribischer Erforscher der Kirchengeschichte, der allgemeinen Reformations- und sächsischen Territorialkirchengeschichte sowie als akademischer Lehrer zusammenfassend gewürdigt. Mit der Veröffentlichung dieser, seine fachlichen Leistungen beleuchtenden Beiträge ist zugleich die Hoffnung verbunden, über die Ehrung des Verstorbenen hinaus auch einen Baustein zur Geschichte der jüngeren kirchenhistorischen Forschung in Deutschland liefern zu können. Der vorliegende Band tritt in dieser Intention an die Seite des noch von Junghans mit herausgegebenen Bandes über seinen Lehrer Franz Lau.[3]

Die zweite Art von Texten ist eher persönlicher Natur. Helmar Junghans war nicht nur ein weit über die Grenzen Deutschlands hinaus anerkannter Fachgelehrter, sondern auch ein bekennender evangelischer Christ mit einer bemerkenswerten

1 Helmar Junghans: Spätmittelalter, Luthers Reformation, Kirche in Sachsen: ausgewählte Aufsätze/ hrsg. von Michael Beyer; Günther Wartenberg (Arbeiten zur Kirchen- und Theologiegeschichte; 8). Leipzig 2001. [037].

2 Die Leipziger Disputation 1519: 1. Leipziger Arbeitsgespräch zur Reformation/ hrsg. von Markus Hein; Armin Kohnle (HCh Sonderbd.; 18). Leipzig 2011.

3 Franz Lau (1907-1973): Pfarrer, Landessuperintendent und Kirchenhistoriker: Kolloquium zu Leben und Werk am 22. Juni 2007 in der Sächsischen Akademie der Wissenschaften zu Leipzig/ hrsg. von Markus Hein; Helmar Junghans (HCh Sonderbd.; 17), Leipzig 2011. [051].

Lebensgeschichte. Neben die Beiträge zu seiner wissenschaftlichen Würdigung wurde deshalb eine Reihe von Texten gestellt, die in erster Linie die bewegende Biographie von Helmar Junghans beleuchten sollen. In seiner Wittenberger Rede von 2006[4] und in einem von Frau Lenore Lobeck dankenswerterweise zur Verfügung gestellten Interview von 2010[5] kommt Junghans selbst zu Wort. Die am Ende des vorliegenden Bandes beigegebene Bibliographie setzt die bis 2001 reichende Liste der Veröffentlichungen von Junghans in seinen gesammelten Aufsätzen[6] fort und schließt sie zugleich ab. Die in Text und Fußnoten in eckigen Klammern beigegebenen Nummern verweisen auf dieses Schriftenverzeichnis.[7]

Zu danken ist an erster Stelle all denjenigen, die den würdevollen äußeren Rahmen der Veranstaltung am 31. Oktober 2011 mitgestaltet und den reibungslosen Ablauf sichergestellt haben, insbesondere unserer Institutssekretärin Susanne Hesse. Den Kolleginnen und Kollegen Gerhard Müller, Siegfried Bräuer, Irene Dingel, Johannes Schilling, Klaus Fitschen und Michael Beyer ist für ihre Bereitschaft, den Weg nach Leipzig auf sich zu nehmen, für ihre Beiträge und für die unkomplizierte Zusammenarbeit bei der Publikation zu danken. Markus Hein und dem Beirat der »Herbergen der Christenheit« danke ich für die Aufnahme des Bandes unter die Sonderbände der Reihe, Frau Thekla Junghans für ihre Hilfe bei der Bereitstellung von Texten und Bildern, Herrn Michael Lippky für die Überlassung von Bildern. Ganz besonders aber ist der Vereinigten Evangelisch-Lutherischen Kirche Deutschlands (VELKD), dem Förderverein der Sächsischen Akademie der Wissenschaften zu Leipzig, der Evangelisch-Lutherischen Landeskirche Sachsens und der Arbeitsgemeinschaft für Sächsische Kirchengeschichte Dank zu sagen, die sich die Druckkosten geteilt haben.

Leipzig, im Februar 2012 — Armin Kohnle

4 Vgl. unten S. 83-88.

5 Vgl. unten S. 89-99.

6 Junghans: Spätmittelalter, Luthers Reformation, Kirche in Sachsen (wie Anm. 1), 407-420.

7 Die im Folgenden verwendeten Siglen sind unten S. 101 f aufgelöst.

Akademische Würdigung des am 16. Mai 2010 gestorbenen Leipziger Kirchenhistorikers Prof. Dr. Helmar Junghans

im Trauergottesdienst in der Nikolaikirche zu Leipzig am 25. Mai 2010

Vorgetragen durch den Dekan der Theologischen Fakultät Leipzig, Jens Herzer[1]

Liebe Trauergemeinde,

Helmar Junghans war ganz und gar ein Kind der Alma mater Lipsiensis. Seit er zum Herbstsemester 1955 das Studium der Theologie in Leipzig aufnahm, blieb er seiner Universität über alle Stationen eines erfüllten wissenschaftlichen Lebens hinweg treu. Mit fast 24 Jahren war Junghans ein später Studienanfänger, weil sich sein Bildungsgang durch knapp vier Jahre als Gefangener zunächst der Sowjetischen Militäradministration, dann des DDR-Regimes verzögert hatte. Sein Abitur hatte er erst kurz zuvor am Kirchlichen Oberseminar Potsdam-Hermannswerder ablegen können. Nach dem Ersten Theologischen Examen im Jahre 1960 folgten der kirchliche Vorbereitungsdienst und 1961 eine kurzzeitige Anstellung bei der Sächsischen Akademie der Wissenschaften zu Leipzig. 1962 kam Junghans als Wissenschaftlicher Mitarbeiter am Lehrstuhl des Kirchenhistorikers Franz Lau zurück an die Universität und wurde 1964 mit einer forschungsgeschichtlichen Arbeit über Wilhelm von Ockham [118; 119] zum Doktor der Theologie promoviert. Im gleichen Jahr legte er das Zweite Theologische Examen ab, wurde ordiniert, versah regelmäßig Predigtdienst im Umkreis von Leipzig und gehörte seither zum Predigerkonvent des Universitätsgottesdienstes.

Seinem Lehrer Franz Lau blieb Helmar Junghans immer eng verbunden; bis zuletzt hat er gerne aus dem damaligen Leben des Instituts für Kirchengeschichte erzählt. Bei Lau fand Junghans schon früh sein zentrales wissenschaftliches Lebensthema: Martin Luther und die Wittenberger Reformation. Schon die Dissertation war aus dem Interesse am Verhältnis zwischen Ockham und Luther erwachsen und bereitete einer Neubewertung den Weg, insofern Junghans den »Ockhamisten« Luther nicht mehr in eine Linie des theologischen Verfalls hineinstellte, sondern die zukunftsweisenden Impulse deutlich machte, die Luther aus der mittelalterlichen Tradition aufnahm. Die zweite Qualifikationsschrift, die sich mit dem Verhältnis des jungen Luther zum zeitgenössischen Humanismus beschäftigte [142], nahm eine ähnliche Fragestellung auf, weil Junghans auch hier versuchte, Martin Luther im Spektrum der spätmittelalterlichen theologischen und philosophischen Tradition zu verorten. Bis dahin wurde das Verhältnis von Humanismus und Reformation

1 Text: Prof. Dr. Armin Kohnle, Institut für Kirchengeschichte der Theologischen Fakultät der Universität Leipzig.

ausgehend vom Gegensatz zwischen Luther und Erasmus in der Willenslehre interpretiert. Dies konnte von theologischer Seite dazu führen, den Humanismus als belanglose gelehrte Bewegung abzuqualifizieren, von philosophischer Seite aber dazu, Luther unter die Humanismusgegner einzusortieren. Unter den Bedingungen sozialistischer Herrschaft und Ideologie, die die humanistische Tradition für sich reklamierte, war diese Frage mehr als nur ein akademischer Streit, galten lutherische Theologie und Kirche doch bis in die 1980er Jahre als bloße Überbleibsel abgelöster gesellschaftlicher Zustände. Wenn Junghans aufgrund intensiver Quellenstudien auf die Rezeption von Elementen humanistischer Bildung und ihre Integration in die Methode der theologischen Arbeit des Reformators hinwies, dann geschah dies nicht primär in apologetischer Absicht, sondern im Bemühen um ein besseres Verständnis Luthers. Luther und der Humanismus lassen sich seither nicht mehr so einfach auseinanderdividieren.

Durch das krankheitsbedingte vorzeitige Ausscheiden seines Lehrers Franz Lau bot sich dem Wissenschaftlichen Mitarbeiter Helmar Junghans 1971 die Chance, eine Dozentur für Kirchengeschichte wahrzunehmen. Von nun an las er regelmäßig über mittelalterliche Kirchengeschichte, Reformations- und Dogmengeschichte sowie über die Theologie Luthers und hielt entsprechende Seminare und Übungen ab. So wie er in die Nachfolge seines Lehrers Lau gleichsam hineinwuchs, war es Junghans immer wichtig, das besondere Erbe der Leipziger Kirchengeschichte fortzusetzen und zu pflegen. Zur jährlich seit 1963 gemeinsam mit Lau erarbeiteten »Lutherbibliographie« kam 1971 die Mitherausgeberschaft, seit 1972 die alleinige Herausgeberschaft des Lutherjahrbuches, das, ausschließlich in Leipzig redigiert, in Westdeutschland verlegt wurde. Zu erwähnen ist hier auch die dem Herausgeber vorbehaltene, forschungsgeschichtlich wertvolle Kolumne »Luther und die Welt der Reformation«, die fast alljährlich erschien. Die umfangreiche Rezensionstätigkeit von Junghans erstreckte sich überdies auf Editionen und Monographien zum Spätmittelalter sowie auf die Territorialkirchengeschichte. Die Lutherjahrbücher 1985, 1990, 1995, 1999, 2004 und – erst vor einigen Tagen erschienen – 2009, jeweils mit doppeltem Umfang, dokumentieren die Referate und Seminarberichte des in der Regel alle fünf Jahre tagenden Internationalen Kongresses für Lutherforschung, dessen Fortsetzungsausschuß Junghans seit dem Kongreß in Lund im Jahr 1977 angehörte. Im Vorfeld des Lutherjubiläums von 1983 konnte es das Hochschulministerium nicht mehr vermeiden, den inzwischen international beachteten Lutherforscher zum außerordentlichen Professor zu ernennen. Eine ordentliche Professur erhielt Junghans aber erst 1990 nach dem Ende der DDR.

Das Lutherjahr 1983 gehörte zu den tiefen Zäsuren im wissenschaftlichen Leben von Helmar Junghans. Seine damals in Ost und West erschienene zweibändige Lutherfestgabe [013] gilt bis heute als Standardwerk zur Geschichte des älteren Luther. Jubiläen haben sein wissenschaftliches Arbeiten immer wieder mitbestimmt: Zu erinnern ist an die Festschrift für Franz Lau »Vierhundertfünfzig Jahre

Lutherische Reformation« [01], an den Band »Das Jahrhundert der Reformation in Sachsen« [021], zum 450. Geburtstag der Landeskirche erschienen, sowie an die gleichfalls 1989 erschienene Jubiläumsgabe: »Der Theologe Thomas Müntzer« [022], die zugleich sein Interesse an einer konstruktiven Auseinandersetzung mit der marxistischen Historiographie dokumentiert.

Junghans pflegte nicht nur einen untersuchenden oder darstellenden Zugang zur Kirchengeschichte, sondern bemühte sich immer auch um die Quellen selbst. Die wichtigsten Früchte seiner Arbeit sind die »Martin Luther-Studienausgabe« [StA], die »Martin Luther-Taschenausgabe« [LTA], ein Band »Die Reformation in Augenzeugenberichten« [29] sowie die Edition eines lange verloren geglaubten Luthertextes aus der Heidelberger Disputation in der Weimarer Ausgabe der Werke Luthers [16]. Über seine Emeritierung im Jahr 1997 hinaus war Junghans an großen Quelleneditionen beteiligt. Im Rahmen der Sächsischen Akademie der Wissenschaften zu Leipzig, der er seit 1995 als Ordentliches Mitglied angehörte, betreute er die »Politische Korrespondenz des Herzogs und Kurfürsten Moritz von Sachsen« [045], deren Abschluss er noch erleben durfte. Nicht mehr erleben wird er indes die Fertigstellung der »Akten und Briefe zur Kirchenpolitik Herzog Georgs von Sachsen« und der »Thomas-Müntzer-Ausgabe« [041; 171], die unter seiner Federführung aber weit gediehen sind. Seine zahlreichen Aufsätze zur Reformation, zu Einzelfragen des Lebens und Wirkens Luthers und zu anderen kirchenhistorischen Themen sowie die wiederholte Mitarbeit an Ausstellungen und Katalogen können hier ebensowenig alle aufgezählt werden wie seine Verdienste um die Förderung der sächsischen Territorialkirchengeschichte als langjähriger Vorsitzender der Arbeitsgemeinschaft für Sächsische Kirchengeschichte.

Diese Aufgabenfülle wäre nicht zu bewältigen gewesen ohne ein Netz von wissenschaftlichen Beziehungen. Das betrifft sowohl den internationalen Mitarbeiterstab der Lutherbibliographie, die erwähnte Tätigkeit beim Lutherkongreß wie auch die langjährige koordinierende Mitarbeit im ökumenisch zusammengesetzten »Theologischen Arbeitskreis für Reformationsgeschichtliche Forschung« (TARF). Seine internationalen Kontakte ermöglichten ihm Vorlesungsreisen durch die USA und Brasilien und schlugen sich in Ehrendoktorwürden der Valparaiso University, Illinois, und des Wittenberg College in Springfield, Ohio, nieder.

Die Universität Leipzig verliert mit Helmar Junghans einen ihrer großen Gelehrten, einen Forscher zudem, der auch der Universitätsgeschichte Leipzigs immer großes Interesse entgegengebracht hat, wie der zum Universitätsjubiläum 2009 erschienene Katalog der Professoren der Theologischen Fakultät seit 1409 [049] ausweist. Die Theologische Fakultät und das Institut für Kirchengeschichte werden Helmar Junghans ein ehrendes Andenken bewahren.

Helmar Junghans 1981 im Institut für Kirchengeschichte

Grußwort des Dekans der Theologischen Fakultät zum Akademischen Gedenken für Helmar Junghans am 31. Oktober 2011 im Alten Senatssaal der Universität Leipzig

Dekan Klaus Fitschen

Sehr geehrter Herr Altbischof Müller,
Sehr geehrte Frau Kollegin, sehr geehrte Herren Kollegen!
Sehr geehrte Gäste!

Die Reformations- und vielleicht noch präziser gesagt die Lutherforschung ist das, wonach heute so gerne gefragt wird: ein profilbildendes Element der Theologischen Fakultät und der an ihr betriebenen Forschung im Rahmen der Universität Leipzig. Man muss das eigentlich nicht erwähnen – wir wissen es alle –, aber es ist doch erfreulich, dass das gerade am heutigen Reformationstag zur Darstellung kommt.

Das heutige Festprogramm hat darum einen doppelten Gehalt: Der Gottesdienst, der Akademische Gedenkvortrag und das folgende Arbeitsgespräch machen zum einen deutlich, dass die Reformations- und Lutherforschung über die akademische Öffentlichkeit hinaus historische und gegenwartsbezogene Deutungskompetenz beanspruchen kann. »2017« ist an dieser Universität ein Datum, das häufiger erwähnt wird, wenn auch eher auf Verdacht hin, da müsse die Theologische Fakultät doch etwas beitragen. Und was immer man sich darunter auch vorstellt: Ohne solide historische Forschung ist jeder Beitrag nichts.

Zum anderen aber geht es heute darum, das Lebenswerk von Helmar Junghans zu würdigen und fruchtbar zu machen – so verstehe ich die Vorträge, die mit »Helmar Junghans und« überschrieben sind – und ihn in einer fast schon zeitgeschichtlich zu nennenden Perspektive zu verstehen: »Helmar Junghans als«. Wenn ich Sie bitte, mich für einen Moment auch als Kollegen des Verstorbenen zu hören, so könnte ich natürlich nichts zu dem »Helmar Junghans und« beitragen, aber immerhin einiges zu dem »Helmar Junghans als«, denn er war ja einer, der bis zuletzt unter uns war mit seiner Schaffenskraft, seinem Humor, seiner Freundlichkeit.

So ist es für die Fakultät eine Freude und eine Ehre zugleich, Zeit- und Weggenossen von Helmar Junghans in Leipzig an unserer Universität begrüßen zu können. Ihnen, die sie zu Gast sind, sind die Stadt, die Universität und die reformationsgeschichtliche Forschung hier nicht fremd, aber ich sage Ihnen dennoch ein herzliches Willkommen. Herrn Kollegen Kohnle danke ich dafür, dass er diese Art, das Reformationsfest zu begehen, konzipiert und umgesetzt hat. Ihnen allen, Vortragenden und Gästen, wünsche ich nun ein gutes und ertragreiches Arbeitsgespräch – Helmar Junghans zum Gedenken, dem Ertrag seiner Forschung zum Gedeihen.

Helmar Junghans beim Vortrag vor der Luther-Gesellschaft in Torgau 1999

Helmar Junghans als Reformations- und Lutherforscher

Von Gerhard Müller

Auch über das Mittelalter hat Helmar Junghans gearbeitet.[1] Er war kein Spezialist mit Scheuklappen nur für das 16. Jahrhundert. Er hat auch zu zeitgeschichtlichen Themen das Wort und damit in Kauf genommen, bei vielen anzuecken. So analysierte er die römische »Ablaßkonstitution vom 1. Januar 1967«[2] kritisch zu einer Zeit, als der Ablass noch kein Diskussionsgegenstand wie in neuerer Zeit gewesen ist.[3] Die »Leuenberger Konkordie« von 1973 und die lutherische »Konkordienformel« von 1577 untersuchte er unter der Fragestellung, welche von ihnen »in einem höheren Maß [...] die [...] Kriterien für eine Konkordie erfüllt habe«.[4] In einer Vorlesung über die Frage: »Ist die lutherische Agende zeit-, orts- und gemeindegemäß?« äußerte er sich kritisch wie sein Lehrer Franz Lau und zeigte, dass er sich auch in liturgiewissenschaftliche Probleme einzuarbeiten verstand.[5] Das gilt auch für die Reformationszeit. So hat er unter dem provozierenden Titel »Luthers Gottesdienstreform – Konzept oder Verlegenheit?« [108] gefragt, wie denn des Reformators Bemühungen um den Gottesdienst zu beurteilen sind.[6]

Helmar Junghans war also nicht nur Reformations- und Lutherforscher. Aber zweifelsfrei liegt auf diesen beiden Gebieten das Schwergewicht seiner Arbeiten. Es ist also durchaus legitim, wenn wir uns darauf konzentrieren. Mir kommt das gestellte Thema auch deswegen entgegen, weil meine persönlichen Beziehungen zu Helmar Junghans durch die Luther-Gesellschaft begründet und später durch Arbeiten

1 Vgl. nur seine Dissertation: Helmar JUNGHANS: Ockham im Lichte der neueren Forschung (Arbeiten zur Geschichte und Theologie des Luthertums; 21). Berlin 1968. [119].

2 Helmar JUNGHANS: Die Ablaßkonstitution vom 1. Januar 1967 und Luther. In: Ders.: Spätmittelalter, Luthers Reformation, Kirche in Sachsen (Arbeiten zur Kirchen- und Theologiegeschichte; 8). Leipzig 2001, 305-318. [197].

3 Vgl. z. B. Reinhard BRANDT: Lasst ab vom Ablass. Ein evangelisches Plädoyer. Göttingen 2008.

4 Helmar JUNGHANS: Übereinstimmungen und Unterschiede zwischen der »Konkordienformel« von 1577 und der »Leuenberger Konkordie« von 1973. In: Ders.: Spätmittelalter ... (wie Anm. 2), 319-338; Zit. S. 319. [202].

5 Helmar JUNGHANS: Ist die lutherische Agende zeit-, orts- und gemeindegemäß?. In: Ders.: Spätmittelalter ... (wie Anm. 2), 339-354 [200]; die Aufnahme dieser früher entstandenen Untersuchungen in seine »Ausgewählte(n) Aufsätze« (so der Untertitel des Anm. 2 genannten Buches) zeigt, dass er sie nach wie vor für besonders wichtig hielt. Mit der »lutherischen Agende« ist die so genannte Agende I von 1955 gemeint, vgl. Alfred NIEBERGALL: Art. Agende. TRE 2, 70-73.

6 In: Junghans, wie Anm. 2, S. 193-205.

zum 16. Jahrhundert vertieft wurden. Dabei muss daran erinnert werden, dass die Staatsgrenze, die Ost- und Westdeutschland voneinander bis 1989 abgrenzte, nur ganz schwer zu überwinden war.

1971 hatte Walther von Loewenich als Erster Präsident der Luther-Gesellschaft dem bisherigen Herausgeber des Luther-Jahrbuchs Franz Lau gedankt und den neuen Editor Helmar Junghans willkommen geheißen.[7] An den Sitzungen des Vorstands der Luther-Gesellschaft, zu der der Herausgeber des Jahrbuchs auf Grund seines Amtes gehört, konnte der junge Leipziger Gelehrte wegen der Staatsgrenze nicht teilnehmen. Aber er ließ uns wissen, dass er aus dem Luther-Jahrbuch in zwei Worten eines mit einem Wort machen wolle, also schlicht »Lutherjahrbuch«. Natürlich stimmte der Vorstand gerne zu. Ich überlegte mir, dass der Nachdruck jetzt auf dem Namen Luther liegt und die Tatsache, dass es sich um ein Jahrbuch handelt, nur noch sekundär sei. Das leuchtete mir ein. Helmar Junghans aber begründete die Änderung ganz sachlich mit dem Wandel der Rechtschreibung:

> »Im Titel des Lutherjahrbuchs ist eine geringfügige Änderung vorgenommen worden, um dem Wandel in der deutschen Orthographie Rechnung zu tragen, die zur Bevorzugung der Zusammenschreibung geführt hat.«[8]

Da wussten wir, dass wir einen hervorragenden Herausgeber für Lutherjahrbuch und Lutherbibliographie gefunden hatten. Denn wer so etwas beachtet, der nimmt seine Arbeit wirklich ernst und erledigt sie nicht mit Links.

Als ich im Jahr 1975 Walther von Loewenich in seiner Position als Erster Präsident der Luther-Gesellschaft auf dessen Bitte hin ablöste, war mein erster Wunsch, den mir noch unbekannten Helmar Junghans zu treffen. Damals war der einfachste Weg Ostberlin. Wie wir uns verabredeten, das weiß ich nicht mehr. Ich kannte nur die Adresse: »Christliches Hospiz« Albrechtstraße. Auch von der Auguststraße als einem kirchlichen Haus hatte ich erfahren. Ich kam überraschend schnell durch die Grenzkontrolle in der Friedrichstraße und gelangte pünktlich ins Hospiz. Da ich mich in einem kirchlichen Hotel wähnte und nicht wusste, dass es dort von Abhörvorrichtungen nur so wimmelte, fragte ich unbefangen nach Helmar Junghans. Er war aber nicht da. Ich wartete eine Weile in, dann vor dem Haus. Aber nichts tat sich. Darum ging ich in die Auguststraße. Denn ich konnte ja falsch informiert worden sein. Aber auch dort fand ich den Gesuchten nicht. Der Zweck der Reise war also verfehlt. Später erzählte mir Helmar Junghans, dass er sich durch den Zugverkehr verspätet hatte. Er sei aber auch nicht ins Hospiz hineingegangen, weil ihm dort zu viel Verkehr gewesen sei. Er wusste oder ahnte also, dass dort nicht alles mit rechten Dingen zuging.

Warum erzähle ich dies? Weil ich die Schwierigkeiten andeuten will, unter denen die simpelsten Kontakte litten, wenn Menschen von Ost und West mitein-

---

7 Walther VON LOEWENICH: Grußwort an Professor D. Franz Lau. LuJ 39 (1972), 5 f.

8 Vorwort des Herausgebers ebd, 8.

ander Kontakte aufnehmen und ausbauen wollten. Für die Luther-Gesellschaft als einem damals in Hamburg eingetragenen Verein war es überaus wichtig, dass ihr Lutherjahrbuch erscheinen konnte, für das die Arbeit jedoch in Leipzig gemacht wurde. Aber wie schwer war es in der DDR, mit Menschen aus dem so genannten kapitalistischen Ausland zusammen zu arbeiten! Staatsbediensteten war das ganz verboten. Den Mitarbeitern der Kirchen ließ man erfreulicherweise einen geringen Freiraum. Helmar Junghans jedoch arbeitete an einer staatlichen »Sektion Theologie«, war ein junger Forscher und hätte seine Karriere im Auge haben können. Der konnte eine solche Zusammenarbeit mit dem »feindlichen Ausland« aber nur schädlich sein. Helmar Junghans und ich haben uns dann später während einer Leipziger Messe getroffen. Als er durch einen Vortrag in der Schweiz einen Pass erhielt, wurde seine Bewegungsfreiheit größer.

Wissenschaftler müssen also gegebenenfalls Mut haben. Den hat Helmar Junghans wahrlich besessen. Er machte, was er für richtig hielt, und setzte unbeirrt die Arbeit seines Lehrers Franz Lau für die Luther-Gesellschaft fort.[9] Wissenschaftler sollten auch wissen, wenn sich Grenzen ergeben. Am 30. Oktober 2008 schrieb mir Helmar Junghans in einem Brief:

> »So Gott will und wir leben, schließe ich meine Arbeiten am LuJ mit dem Jahrgang 2009 ab. Immerhin habe ich im vergangenen Jahr alle Manuskripte eingeworben, es fehlen nur noch ein Referat und ein Seminarbericht. […] Ich hoffe sehr, dass es uns der Herr schenkt, dass wir uns zu dem Ehrenkolloquium 2009 zusammenfinden.«

Dieses Treffen im Herbst 2009 kam tatsächlich zustande. Wir sahen uns dort zum letzten Mal. Helmar Junghans war sehr froh, dass ein Nachfolger für ihn gefunden worden war, der bereits die Herausgabe des Lutherjahrbuchs 2010 übernahm. Wem an einer Sache etwas liegt, die er bearbeitet, der trägt klugerweise auch Sorge für die Zukunft. Es ist gut, rechtzeitig die gewünschte Ablösung anzukündigen. Darin ist Helmar Junghans für mich menschlich vorbildlich.

Wir haben uns bisher ein wenig verständigt über den Menschen, dessen reformationsgeschichtliche Arbeit nun in vier Abschnitten skizziert werden soll. Ich werde sprechen über: 1. Internationalisierung, 2. Vom Nutzen der Informationstechnologie, 3. Der deutsche Humanist Luther und 4. Die Koordinaten der Geschichtsschreibung: Zeit und Raum.

9 Zu Franz Lau vgl. FRANZ LAU (1907-1973): Pfarrer, Landessuperintendent und Kirchenhistoriker. Kolloquium zu Leben und Werk am 22. Juni 2007 in der Sächsischen Akademie der Wissenschaften/ hrsg. von Markus Hein; Helmar Junghans† (HCh Sonderbd.; 17). Leipzig 2011. [051].

I Internationalisierung

Helmar Junghans hat seit 1962, wie er selber berichtet, am Lutherjahrbuch mitgearbeitet. Zunächst ging es um die Lutherbibliographie, im Laufe der Jahre dann auch um redaktionelle Arbeiten für die Aufsätze des Jahrbuchs. Als der 1970 emeritierte und erkrankte Franz Lau mehr Hilfe benötigte, bat er Helmar Junghans, mit ihm zusammen das Luther-Jahrbuch 1971 herauszugeben. Der tat dies, aber er brachte sofort erhebliche Veränderungen ein. Bis einschließlich 1970 trug das Jahrbuch nämlich den Untertitel »Jahrbuch der Luther-Gesellschaft«. Seit 1971 lautet er; »Organ der internationalen Lutherforschung«. Erst danach kommt die Mitteilung »Im Auftrag der Luther-Gesellschaft herausgegeben von …«.

Junghans, auf den – wie er im Vorwort zum Jahrbuch 1972 andeutet – diese Veränderungen zurückgehen,[10] lag ganz offensichtlich an zwei Dingen. Einmal wollte er das Jahrbuch als für die Forschung bestimmt charakterisieren. Das war es natürlich auch schon vorher normalerweise gewesen. Aber so programmatisch war es nicht ausgedrückt worden. Daran lag Helmar Junghans um der Sache willen. Die Gesellschaft, die für den wirtschaftlichen Rahmen zuständig ist, hat sich – soweit ich das übersehe oder einzuschätzen vermag – nie in die Arbeit der Herausgeber des Jahrbuchs eingeschaltet.[11] Insofern war es sachlich richtig, sie nicht mehr an zweiter, sondern an dritter Stelle zu nennen.

Noch wichtiger aber ist nach meinem Dafürhalten, dass Junghans sofort, als er Verantwortung übernahm, auf Internationalität Wert legte. Damit trug er der Tatsache Rechnung, dass Deutschland nach dem Zweiten Weltkrieg nicht mehr das Zentrum der Lutherforschung gewesen ist. Im 19. Jahrhundert war das noch weitgehend anders gewesen. Die 1883 begonnene Weimarer Lutherausgabe war zum Beispiel ein Werk deutscher Forscher. Aber im 20. Jahrhundert blieb die Lutherforschung in den Vereinigten Staaten von Amerika nicht mehr auf Deutschstämmige beschränkt. Auch die nordeuropäische Lutherforschung blühte auf. Lutherübersetzungen in viele Sprachen wurden gemacht, weil Deutsch als Sprache der Forscher zurückgetreten ist und weil auch das Lateinische nicht mehr als Wissenschaftssprache gelten kann. Diese Internationalität hat Helmar Junghans gesehen. Er hat sie berücksichtigen wollen, damit das Lutherjahrbuch nicht in Provinzialität absank.

Hinzu kam ein politischer Grund. Die DDR war um internationale Anerkennung bemüht. Wenn in Leipzig ein rein »deutsches« Unternehmen durchgeführt worden wäre, wäre dies eine nicht gewünschte »nationale« Arbeit gewesen. Wenn aber Autoren aus aller Herren Länder Artikel im Jahrbuch abdruckten, dann wäre dies

10 Vgl. Vorwort des Herausgebers. LuJ 39 (1972), 7. Die Veränderung der Schreibweise von »Luther-Jahrbuch« zu »Lutherjahrbuch« erfolgte 1972, die neuen Untertitel finden sich aber schon 1971.

11 Vor Junghans waren dies Julius Jordan für die Jahre 1919-1927, Theodor Knolle für die Jahre 1928-1941 und Franz Lau für die Zeit 1957-1971 gewesen.

für das Ansehen der Deutschen Demokratischen Republik positiv gewesen. Von staatlicher Seite konnte deswegen eine solche Aussage nur begrüßt werden. Aber Junghans hat auch persönlich diese Erweiterung für erforderlich gehalten.[12]

Seit 1985 ist es Helmar Junghans gelungen, die Vorträge und Berichte der »Internationalen Kongresse für Lutherforschung« für den Abdruck im Lutherjahrbuch zu gewinnen. Das letzte Jahrbuch, das er – »in Verbindung mit Dr. Michael Beyer« – herausgegeben hat, das schon genannte von 2009, enthielt unter anderem die »Referate und Berichte des Elften Internationalen Kongresses für Lutherforschung«, der 2007 in Brasilien durchgeführt worden war. Insgesamt wurden sechs Internationale Lutherforschungskongresse im Lutherjahrbuch dokumentiert. Der erste war derjenige, der 1983 in Erfurt durchgeführt worden ist.

Damit rückten Fremdsprachen in das Organ der Luther-Gesellschaft ein. Außerdem wissen die Forscher jetzt, wo sie sich über die letzten sechs Internationalen Lutherforschungskongresse informieren können. Auch vorher waren zwar deren Ergebnisse publiziert worden. Aber es war unterblieben, von Anfang an eine Reihe daraus zu machen. Deswegen ist es erforderlich, sich über die Kongresse von 1956 in Åarhus bis 1977 in Lund umständlich zu informieren. Ich erinnere mich noch, dass Helmar Junghans dem Vorstand der Luther-Gesellschaft vorschlug, dass er sich bemühen werde, von dem Kongress in Erfurt im Jahr 1983 über »Martin Luther 1483-1983. Werk und Wirkung« die Vorträge und Berichte im Lutherjahrbuch zu publizieren. Es ist ihm nicht nur gelungen, den Vorstand von der Qualität dieses Vorschlags zu überzeugen, sondern die dafür erforderliche Genehmigung auch durch andere Gremien für sein Vorhaben zu erreichen. Jetzt ist es für den jeweiligen Fortsetzungsausschuss, der den nächsten Internationalen Lutherforschungskongress vorbereitet, eine Erleichterung zu wissen, wo die Ergebnisse den Forschern und anderen Interessierten zugänglich gemacht werden.

Vergleichen wir die Öffnung des Lutherjahrbuchs für die internationale Forschung mit den Entscheidungen des »Archiv(s) für Reformationsgeschichte«, der Zeitschrift des Vereins für Reformationsgeschichte. Der erste Jahrgang, der nach dem Zweiten Weltkrieg im Jahr 1948 erschien, zeigt noch den alten Titel. Aber bereits der nächste Band, der erst 1951 vorgelegt wurde, trägt den Untertitel: »Internationale Zeitschrift zur Erforschung der Reformation und ihrer Weltwirkungen«. Als Auftraggeber wird ein zweiter Verein neben dem Verein für Reformationsgeschichte genannt, nämlich die »American Society for Reformation Research«. Neben Gerhard Ritter und Heinrich Bornkamm als deutschen Editoren stehen zwei

---

12 Thekla Junghans, die Witwe von Helmar Junghans, erinnert sich, dass schon vor 1971, als Franz Lau noch allein die Schriftleitung innehatte, diskutiert wurde, ob eine internationale Öffnung nicht sinnvoll sei. Aber erfolgt ist sie erst in dem Jahr, als Junghans mit Verantwortung übernahm. Dass er dabei nicht in erster Linie politisch und diplomatisch dachte, sondern dass es ihm wirklich um Wissenschaft und Internationalität ging, ist Thekla Junghans in guter Erinnerung.

nordamerikanische renommierte Gelehrte, nämlich Harold J. Grimm und Roland H. Bainton.[13] Daraus wird ersichtlich, dass hier schon viel früher als in der Luther-Gesellschaft die Notwendigkeit der Berücksichtigung internationaler Forschungen gesehen wurde. Es bedurfte eines jungen Mannes, dass dies beim Lutherjahrbuch zwanzig Jahre später endlich nachgeholt wurde.[14]

Helmar Junghans hat 39 Jahrgänge des Lutherjahrbuchs herausgegeben. Mancher mag fragen oder denken: »Na, und?« Ich würde antworten: »Machen Sie es einmal nach!« Denn dazu gehören nicht nur Fleiß und Durchhaltevermögen, sondern auch Anregungen, Themen, auch Ablehnungen von nicht gelungenen Artikeln, womit man sich keine Freunde macht. Die drei Herausgeber, die das Lutherjahrbuch vor Helmar Junghans herausgegeben haben, haben es zusammen nur auf 36 Bände gebracht.[15] Auf die lange Tätigkeit von 39 Jahren für das Lutherjahrbuch ist Helmar Junghans mit Recht stolz gewesen. Er meinte mit einem Lächeln, wer ihn überholen wolle, müsse jung anfangen. Wir benötigen – so meine ich – Forscher, die als Herausgeber von Reihen, Zeitschriften oder Nachschlagewerken zur Kommunikation untereinander verhelfen. Dass Helmar Junghans darüber hinaus auch selbst bedeutende Publikationen schrieb und Quellen edierte, hat sein so selbstloser Dienst an der Wissenschaft glücklicherweise nicht verhindert.

II Vom Nutzen der Informationstechnologie

Im Jahr 1996 erschien eine von Helmar Junghans zusammengestellte »interaktive Computeranimation« über Martin Luther.[16] Erst seit dem Beginn der neunziger Jahre des vorigen Jahrhunderts war die Elektronik ins Blickfeld der Geisteswissenschaftler getreten. Ich muss persönlich gestehen, dass ich sehr viel mehr Zeit als Helmar Junghans benötigte, um mich mit den neuen Apparaten ein wenig vertraut zu machen. Er aber benutzte das moderne Mittel, um Menschen, die es gebrauchten und auf Papier Gedrucktes zurückstellten, mit dem Wittenberger Reformator vertraut zu machen. Diese Computeranimation wurde bereits im nächsten Jahr durch eine neue ersetzt.[17] Schon 1998, also wieder nur ein Jahr später, erschien eine Computeranima-

---

13 Über sie gibt es Nachrufe von Scott H. Hendrix im LuJ 52 (1985), 9-15.

14 Die vier Herausgeber des Archivs für Reformationsgeschichte haben ihre Pläne (»Unser Programm«) dargestellt in Archiv für Reformationsgeschichte 42 (1951), 7-10; nachgedruckt in: 125 Jahre Verein für Reformationsgeschichte/ hrsg. von Luise Schorn-Schütte (Schriften des Vereins für Reformationsgeschichte; 200). Gütersloh 2008, 217-220.

15 Insgesamt sind dies 75 Bände. Dass das Lutherjahrbuch 2010 als 77. Jahrgang gezählt wird, liegt daran, dass für die Jahre 1920/21 zwar nur ein Band erschien, dieser aber als »Jahrgang II/III« bezeichnet wurde.

16 Vgl. Bibliographie Helmar Junghans 1959 bis 2001. In: Junghans: Spätmittelalter … (wie Anm. 2), 416 – Nr. 255. [85].

17 Ebd, 417 – Nr. 270. [85.2].

tion in englischer Sprache über Luther, »exploring his life and times«.[18] Da in den Vereinigten Staaten von Amerika die Aufnahme der Informationstechnologie sehr viel früher begann und rascher voranging als in Europa, war es sehr geschickt, eine englische Fassung vorzulegen, zumal diese Sprache sich langsam aber sicher als die Wissenschaftssprache auch bei den Geisteswissenschaftlern durchzusetzen begann.

Ich halte diese Aufgeschlossenheit von Helmar Junghans für die neue Arbeitsmethode der Informationstechnologie für wegweisend und alles andere als eine Bagatelle oder gar als eine Absonderlichkeit. Er hatte vielmehr früh erkannt, dass hier ein Mittel vorlag, das die Arbeit des Historikers zu erleichtern vermag. Da er langjährige Erfahrungen mit der Lutherbibliographie besaß, wie wir bereits wissen, leuchtete ihm der Nutzen der Informationstechnologie früh ein. Übrigens standen anfangs im Lutherjahrbuch nur Aufsätze. Erst im Jahrbuch 1926 finden wir eine erste, von Hanns Rückert zusammengestellte »Luther-Bibliographie«. Er hatte sie auf Wunsch seines Lehrers Karl Holl erstellt, der damals Präsident der Luther-Gesellschaft war. Holl hat dieses Amt aber nur kurze Zeit inne gehabt, da er bereits 1926 starb.[19] Hanns Rückert erklärte in seiner »Vorbemerkung« von 1926, er erstrebe »absolute Vollständigkeit [...] ohne Rücksicht auf wissenschaftlichen Wert der Veröffentlichungen«. Dabei ist es geblieben. Rückert unterschied zwischen »Quellen« und »Darstellungen«. Etwa 120 Nummern trug er in seiner ersten Bibliographie zusammen. Er beschränkte sich aber schon hier nicht streng auf Luther, sondern bezog auch dessen »Verhältnis zu Zeitgenossen« ein oder führte das von ihm selbst herausgegebene Heft »Die Verfassung der evangelischen Landeskirchen Deutschlands« auf – es ließen sich also etliche Anregungen aus dieser Bibliographie entnehmen.[20] Im Lutherjahrbuch 1927 erschien nochmals eine von Hanns Rückert zusammengetragene Lutherbibliographie.[21] Es sollte bereits seine letzte sein. Denn er war zum ordentlichen Professor aus Berlin weg nach Leipzig berufen worden.

Das brachte die Luther-Gesellschaft in erhebliche Schwierigkeiten. 1928 finden wir keine Bibliographie im Lutherjahrbuch. 1929 sprang Kurt Dietrich Schmidt in Kiel ein.[22] Aber auch er hat sich nicht auf Dauer zur Verfügung gestellt. 1930 war das vierhundertjährige Jubiläum des Augsburger Bekenntnisses. Aus diesem Anlass wurden natürlich viele Untersuchungen vorgelegt. Dies musste zur Begründung dafür herhalten, dass wieder keine Bibliographie erschien. Wir merken, dass sich dem Unternehmen »Luther-Bibliographie« manche Hindernisse in den Weg stellten. Erst 1931 erschien wieder eine Bibliographie und zwar von Heinrich Seesemann.

---

18 Ebd, Nr. 277. [85.3].

19 Karl Holl war in der Hauptversammlung der Luther-Gesellschaft 1925 zum Ersten Vorsitzenden gewählt worden. Er starb bereits am 23. Mai 1926, vgl. Hans DÜFEL: Luther-Gesellschaft und Lutherrenaissance. LuJ 64 (1997), 48-51.

20 LuJ 16 (1926), 201-205.

21 LuJ 17 (1927), 198-204; jetzt durchgezählt: 133 Nummern.

22 LuJ 19 (1929), 149-156; 136 Nummern.

Er arbeitete die Lücken auf, die entstanden waren, und führte diese Arbeit bis 1941 kontinuierlich fort. Bis einschließlich 1937 arbeitete er allein und trug naturgemäß hauptsächlich deutsche Titel zusammen. Erst 1938 bedankte er sich bei »Bibliothekar H. Harboe in Oslo« für »die Übermittlung der skandinavischen Literatur«.[23]

Was hat dies mit Helmar Junghans zu tun? Es zeigt, wie mühselig der Weg bis zu den von ihm so exzellent betreuten Lutherbibliographien gewesen ist! Er konnte an die Verbesserung der Bibliographie durch Franz Lau seit 1957 anknüpfen, der hier sechs ausländische Helfer nannte, und zwar für Skandinavien, die Niederlande, Finnland, England, Frankreich und Italien. Damit war jedenfalls ein großer Teil Europas vertreten, so dass die Chance bestand, dass die Lutherbibliographie sich nicht zu stark auf Deutschland beschränkte. In den nächsten Jahren weitete sich die Schar der internationalen Mitarbeiter aus: USA, Polen, Rumänien, Slowakei und Südamerika kommen hinzu. Ab 1961 werden »Änderungen des Erfassungsschemas« und des Zeitraums vorgenommen: Alles, was bekannt wurde, wird mitgeteilt und die bisherige Einteilung nach Jahren aufgegeben. In den Jahren 1957 bis 1962 hatte Franz Lau Hilfe durch Gottfried Pätzold und später durch Ingetraut Ludolphy. Helmar Junghans trat ab 1963 an diese Stelle und blieb es bis 1970. Ab 1972 lag nicht nur die Schriftleitung des Jahrbuchs, sondern auch die Hauptverantwortung für die Bibliographie in seiner Hand. Im letzten von ihm herausgegebenen Lutherjahrbuch 2009 sind es siebzehn internationale Mitarbeiter, die ihn bei der Bibliographie unterstützt hatten. Ihm kam es auf möglichst große Vollständigkeit an. Das zu erreichen, war schwer, denn manche Helfer starben oder mussten ihre Arbeit einstellen, so dass Junghans sich immer wieder neu um kompetente Mitarbeiter bemühen musste. Wie Franz Lau, so besaß auch Helmar Junghans Helfer für die Lutherbibliographie[24] in Leipzig, unter denen besonders Michael Beyer zu nennen ist.

Aber auch auf Genauigkeit und auf die Einhaltung der Grundsätze der Erfassung kam es ihm an. In dem von ihm herausgegebenen Band »Die sächsischen Kurfürsten während des Religionsfriedens von 1555 bis 1618«[25] schreibt er im Vorwort: »Mein Dank gilt auch den Autorinnen und Autoren, daß sie zu einer formalen Gestaltung beigetragen haben, die ein Mitautor ›Leipziger Perfektionismus‹ genannt hat.«[26] Diese Formulierung »Leipziger Perfektionismus« muss ihn in Mark und Bein

23 LuJ 28 (1938), 160 Anm. 1.

24 Die Zusammenschreibung führte Junghans auch bei der Bibliographie 1971 ein.

25 Die sächsischen Kurfürsten während des Religionsfriedens von 1555 bis 1618/ hrsg. von Helmar Junghans (Quellen und Forschungen zur sächsischen Geschichte; 31). Stuttgart 2007. [046].

26 Ebd, 9. Mir gegenüber hat er einmal berichtet, dass gesagt worden sei, das von ihm herausgegebene Werk Leben und Werk Martin Luthers von 1526 bis 1546. 2 Bde/ hrsg. von Helmar Junghans. Berlin (und parallel auch Göttingen) 1983 [013], sei vor allem von Forschern der DDR geschrieben worden. Solche oberflächlichen Aussagen trafen ihn besonders hart, weil er wirklich aus der ganzen Welt diejenigen zusammengebracht hatte, die er für die kompetentesten Autoren hielt. Das ist ihm – trotz aller Schwierigkeiten in der DDR

getroffen haben. Denn ihm ging es nicht um l'art pour l'art, sondern um Klarheit, Genauigkeit und Gleichheit. Er verteidigte sich mit dem Hinweis auf die »Regeln für die Alphabetische Katalogisierung (RAK)«, einem neueren, ganz wichtigen Hilfsmittel im Bibliothekswesen. Was mich aber noch mehr überrascht hat als die Abwehr einer möglicherweise ironisch gemeinten Bemerkung, war der Hinweis darauf, dass Helmar Junghans an Genauigkeit lag wegen seiner Erfahrungen mit der Lutherbibliographie. Er distanzierte sich sogar leise von seinem Lehrer Franz Lau, den er sonst vehement verteidigte.[27] Junghans formulierte nämlich, Lau sei »für den Verzicht auf alles Entbehrliche« gewesen.[28] Entbehrlich konnte für Junghans aber nur das nicht Erforderliche sein. Deswegen legte er größten Wert auf die Genauigkeit der bibliographischen Angaben und wünschte die gleichmäßige Gestaltung auch bei Autoren eines Sammelbandes.

Lutherjahrbuch und Lutherbibliographie waren für Helmar Junghans also keine Spielerei, sondern ihre Gestaltung und Kontrolle waren ihm Dienst an der Wissenschaft. Die Informationstechnologie half während der letzten Jahre, so dass auch eine Einstellung der Lutherbibliographie in das Internet möglich werden wird. Darin ist er vielen Geisteswissenschaftlern in Deutschland vorbildlich vorausgegangen.

III Der deutsche Humanist Luther

Luther als Rhetoriker wahrzunehmen, war eines der Anliegen von Helmar Junghans.[29] Es gehört seit der Antike zur Rhetorik hinzu, am Anfang zu versuchen, die Aufmerksamkeit der Zuhörer zu erregen, damit sie ihre Ohren aufmachen.[30] Ich hoffe, dass mir dies mit dieser Überschrift gelingt: »Der deutsche Humanist Luther«. Denn das ist ja nun wirklich eine provozierende Aussage, wenn Luther als ein Humanist hingestellt wird. Diese Formulierung stammt nicht von mir, sondern von Helmar Junghans. Allerdings muss ich kleinlaut zugeben, dass ich diese Aussage nur ein einziges Mal bei ihm gefunden habe. Er schreibt dort, Luther sei »ein deutscher Humanist« gewesen.[31] Trotz des nur einmaligen Vorkommens denke ich, dass damit ein Schwerpunkt seiner Deutung des Wittenberger Reformators getroffen worden ist. Ihm ging es nicht darum, Luther auf »Goldgrund« abzu-

– hervorragend gelungen. Auch geht es nicht zuletzt auf sein Wirken zurück, dass der Sechste Internationale Kongress für Lutherforschung 1983 in Erfurt durchgeführt werden konnte.

27 Vgl. Helmar JUNGHANS: Plädoyer für »Wildwuchs der Reformation« als Metapher. LuJ 65 (1998), 101-108. [127].

28 Die sächsischen Kurfürsten ... (wie Anm. 25), 9.

29 Vgl. Helmar JUNGHANS: Martin Luther und die Rhetorik (Sitzungsberichte der Sächsischen Akademie der Wissenschaften zu Leipzig – Philologisch-Historische Klasse; 136 H. 2). (Nachgedruckt in: Junghans: Spätmittelalter ... [wie Anm. 2], 177-192). [105].

30 Vgl. ebd, 13-15.

31 Helmar JUNGHANS: Der nationale Humanismus bei Ulrich von Hutten und Martin Luther. In: Ders.: Spätmittelalter ... (wie Anm. 2), 67-90; Zit.: 85. [148].

bilden.[32] Vielmehr schilderte er den Doctor Martinus sachlich und, wenn immer möglich, ohne Emotionen. Junghans stellte Luther mit seiner Formulierung eng neben Philipp Melanchthon, den zweiten, international berühmten Professor der damaligen Wittenberger Universität. Er ordnete ihn ein in das Team von Forschern, das in der kleinen sächsischen Stadt zusammen arbeitete.[33]

Vor allem aber betonte Junghans den Einfluss des Humanismus auf den *jungen* Luther. Natürlich ist die Bedeutung des Humanismus für die Reformation immer wieder herausgestellt worden.[34] Aber dass bereits der Student Luther den Humanismus in sich aufgenommen hat, das war bis vor kurzem nicht deutlich erkannt worden. Helmar Junghans verwies auf die Humanisten, die der junge Student in Erfurt wie in Wittenberg hatte kennen lernen können, und machte deutlich, dass Luther die humanistische Methode früh aufgenommen hat.[35] Die Hinwendung zu den biblischen Sprachen Hebräisch und Griechisch, die Beachtung der Kirchenväter statt der mittelalterlichen Scholastiker, die neue Bedeutung der Rhetorik – all' das hat den Studenten von Beginn seines Studiums an tief beeinflusst und erst die Entwicklung seiner biblischen Theologie ermöglicht.

In der gegenwärtigen Debatte, ob Luther stark im bisherigen abendländischen Christentum verankert geblieben sei oder aber Neues dargestellt habe, sollten die Erkenntnisse von Helmar Junghans stärker rezipiert werden. Denn durch Luthers Berufung auf die Heilige Schrift und die Alte Kirche hat er die gemeinsamen Grundlagen der Christenheit ganz selbstverständlich geteilt und nicht verlassen. Weder war ihm die Bibel nur menschliches Wort noch hat er die Dogmen der Alten Kirche kritisiert. Ihn zum Monophysiten zu erklären und ihn dadurch einer von der abendländischen Theologie abgelehnten Lehre zu bezichtigen, ist Unfug, wie Christoph Markschies gezeigt hat.[36] Das aber war auch ein Anliegen der Humanisten – weg von einer Theologie, die sich im Abstrakten zu verlieren drohte, und hin zu einer Theologie, die sich als eine praktische versteht.[37]

---

32 Vgl. Gottfried SEEBASS: Ein Luther ohne Goldgrund: Stand und Aufgaben der Lutherforschung am Ende eines Jubiläumsjahres. In: Lehren aus dem Luther-Jahr: sein Ertrag für die Ökumene/ hrsg. von Otto Hermann Pesch. München 1984, 49-85.

33 Vgl. Jens-Martin KRUSE: Universitätstheologie und Kirchenreform: die Anfänge der Reformation in Wittenberg 1516-1522 (Veröffentlichungen des Instituts für Europäische Geschichte Mainz; 187). Mainz 2002.

34 Vgl. z. B. Bernd MOELLER: Die deutschen Humanisten und die Reformation. In: Ders.: Die Reformation und das Mittelalter. Göttingen 1991, 98-110.

35 Vgl. Helmar JUNGHANS: Der junge Luther und die Humanisten (Arbeiten zur Kirchengeschichte; 8). Weimar 1984. [145].

36 Vgl. Christoph MARKSCHIES: Luther und die altkirchliche Trinitätstheologie. In: Luther – zwischen den Zeiten/ hrsg. von Christoph Markschies; Michael Trowitzsch. Tübingen 1999, 37-85.

37 Junghans fasste dies mit den Worten zusammen: »So vermag derjenige, der auf die Bestrebungen Erfurter Humanisten am Anfang des 16. Jahrhunderts [...] und deren Fortwirken in

Aber es wäre auch falsch zu behaupten, bei Luther wäre gar nichts Neues vorgekommen. Seine Kritik der Philosophie zum Beispiel, die die Scholastik zu ihrer Magd erklärt hatte, bestand darin, den Theologen zu zeigen, dass die Philosophie längst zur Herrin der Scholastik geworden sei.[38] In all dem traf Luther sich mit den Anliegen der Humanisten. Er ist nicht etwa erst durch die Begegnung mit Melanchthon zum Humanisten geworden, sondern er war schon vorher von ihnen beeinflusst und konnte durch Magister Philippus darin nur bestätigt und bestärkt werden. Es ist also durchaus berechtigt, vom »Humanisten Luther« zu sprechen.

Vielleicht ist bei einigen von Ihnen ein ungutes Gefühl bei der Aussage vom »*deutschen* Humanisten Luther« aufgestiegen. Hören wir hier wieder etwas vom »deutschen« Luther, wie das in der Zeit des Nationalsozialismus üblich war?[39] Dazu war Junghans natürlich viel zu gescheit. Er wollte nicht ein Vorbild für uns kreieren wie vor 80 Jahren, sondern er wollte Luther *verstehen* lernen. Ganz unsentimental stellte er dabei fest, dass Luther sich als Deutscher verstanden hat. Er wagte, dies auszusprechen, weil er sich nicht fürchtete, in irgendeine Ecke gestellt zu werden. Man hatte ihn ja sogar inhaftiert, da wäre es auf eine rechts- oder linksradikale Ecke auch nicht mehr angekommen. 1988, also noch vor der Wiedervereinigung der beiden deutschen Staaten, publizierte er einen Vortrag mit dem Titel »Der nationale Humanismus bei Ulrich von Hutten und Martin Luther«.[40] Hier forderte er »eine komplexe Schau der Reformationsgeschichte«, die »alle Faktoren einbezieht, von der Theologie bis zur Sozialgeschichte, von der persönlich gelebten Frömmigkeit bis zu den politischen Interessen, von der Mystik bis zur Skepsis«.[41]

Zu dieser »komplexen Schau« gehört auch Ulrich von Hutten und sein »patriotische(r) Humanismus«. Dieser Reichsritter gehörte in meiner Generation zu den vernachlässigten Gestalten. Junghans scheute sich nicht, von Huttens Bedeutung darzustellen im Rahmen dessen, was ihm in seiner Zeit möglich gewesen ist. Aber können wir im Zeitalter von Europa noch von Patriotismus guten Gewissens reden? Wir können es nicht nur, sondern wir müssen es sogar, weil die Geschichte so komplex ist, dass wir uns immer wieder neu mit alten Forschungsthemen befassen, diese mit neuen verbinden müssen und uns trotzdem immer nur annähernd in die

---

Luther achtet, den roten Faden der Entwicklung Luthers zu finden, dem alles, was von Luther überliefert ist – einschließlich der Stränge mittelalterlicher Theologie und Frömmigkeit –, zugeordnet werden kann«, Junghans: Der junge Luther … (wie Anm. 35), 325; vgl. auch Gerhard MÜLLER: Luthers Christusverständnis. In: Ders.: Causa Reformationis: Beiträge zur Reformationsgeschichte und zur Theologie Luthers. Gütersloh 1989, 371-387.

38 Vgl. z. B. Luthers »Disputatio contra scholasticam theologiam«, WA 1, S. 224-228.

39 Vgl. z. B. Hans PREUSS: Martin Luther: der Deutsche. Gütersloh 1934; vgl. Irene DINGEL: Instrumentalisierung von Geschichte: Nationalsozialismus und Lutherinterpretation am Beispiel des Erlanger Kirchenhistorikers Hans Preuß. In: Wege der Neuzeit: Festschrift für Heinz Schilling (Historische Forschungen; 85). Berlin 2007, 269-284.

40 Wieder abgedruckt in Junghans: Spätmittelalter … (wie dem Anm. 2), 67-90. [148].

41 Ebd, 70.

damaligen Vorgänge und Verstehensweisen hineinzusetzen vermögen. Und dazu gehört auch der Patriotismus des 16. Jahrhunderts. So war es für die Franzosen jener Zeit selbstverständlich, sich als die wichtigste Nation anzusehen, die auch vor Gott an erster Stelle zu stehen habe.[42] Für die Italiener war es klar, dass die Deutschen Barbaren seien – nach wie vor! Während sie mit den Franzosen besser auskamen, behielten sie Abstand von den Deutschen, die im Mittelalter viel zu lange in ihre Halbinsel hineinregiert hatten.

Und die so schlecht beurteilten Deutschen? Sie tragen Beschwerden gegen die Päpstlichen zusammen, die ihnen das Geld aus der Tasche zögen. Immer wieder werden die »Gravamina nationis germanicae« auf Reichstagen verhandelt.[43] Aber die römische Kurie dachte nicht daran, den Deutschen nachzugeben und sich diese Einnahmequelle entgehen zu lassen. Das brachte Ulrich von Hutten in Rage. Er meinte im Jahr 1520, »das Papsttum zu einer Reform zwingen« zu können. Er »propagierte einen ›Pfaffenkrieg‹«, der aber im darauf folgenden Jahr scheiterte.[44] Luther lehnte jedoch einen Krieg ab und publizierte 1522 »Eine treue Vermahnung, [...] sich zu hüten vor Aufruhr und Empörung«.[45] Aber seine Beurteilung des Papstes als des Antichristen[46] könnte, wie Junghans vermutet, von der »nationalen Erregung« beeinflusst worden sein, die Hutten und andere entfacht hatten.[47] Was Luther vom nationalen Humanismus jedoch unterschied, war die Tatsache, dass das Evangelium natürlich in der ganzen Christenheit verkündigt werden sollte, nicht nur bei einzelnen Völkern, etwa nur bei den Deutschen. Auch wollte er nicht wie Hutten und Thomas Müntzer Gewalt für die Verbreitung des Evangeliums einsetzen. Junghans betont, dass der Reformator »sein Vertrauen auf den Heiligen Geist (setzte), der im Wort wirkt, nicht auf politische Kräfte«. Er erinnert daran, dass »seit 1541 am Eingang des Lutherhauses in Wittenberg zu lesen ist: ›Durch Stillesein und Hoffen würdet ihr stark sein‹«, eine Aussage, die sich im Buch des Propheten Jesaja (30, 15) findet.

Es genügte Helmar Junghans nicht, nur auf die humanistische Methode hinzuweisen als das, was den Wittenberger charakterisierte. Vielmehr fragte er auch nach der »Mitte der Theologie Luthers«. Liegt sie in »einem reformatorischen Ansatz, in einem genau zu formulierenden Thema oder in einem näher zu bestimmenden

42 Vgl. Gerhard MÜLLER: Die Reformation als Epoche europäischer Geschichte. In: Müller: Causa Reformationis (wie Anm. 37), 9-24.

43 Vgl. Eike WOLGAST: Art. Gravamina nationis germanicae. TRE 14, 131-134; vgl. auch Armin KOHNLE: Reichstag und Reformation: kaiserliche und ständische Religionspolitik von den Anfängen der Causa Lutheri bis zum Nürnberger Religionsfrieden (Quellen und Forschungen zur Reformationsgeschichte; 72). Gütersloh 2001.

44 Junghans: Spätmittelalter ... (wie Anm. 2), 82-84.

45 Gedruckt WA 8, S. 676-687.

46 Vgl. Gerhard MÜLLER: Martin Luther und das Papsttum. In: Müller: Causa Reformationis (wie Anm. 37), 388-416.

47 Vgl. Junghans: Spätmittelalter ... (wie Anm. 2), 87.

Gegenstand?«, so fragte er.[48] Junghans antwortete mit einem Zitat Luthers: »Die Erkenntnis Gottes und des Menschen ist die göttliche und eigentliche theologische Weisheit. Und sie ist so Erkenntnis Gottes und des Menschen, daß sie sich eigentlich auf den Gott, der rechtfertigt, und den Menschen, der ein Sünder ist, bezieht, so daß eigentlich der Gegenstand der Theologie der Mensch ist, der schuldig und verdorben ist, und Gott, der rechtfertigt und der Erlöser ist.«[49] Dieser »Gegenstand« muss verstanden werden. Luther tut dies – so Junghans wörtlich –, »indem er die Taten Gottes in die Mitte seiner Theologie rückt, in der Heiligen Schrift, in der Geschichte und in seiner eigenen Zeit aufspürt, beschreibt und predigt, ja selber mit verwirklicht«.[50]

Diese große, menschliche Kraft übersteigende Aufgabe kann der Humanist und Theologe Luther angehen, weil er davon ausgeht, dass Gott es ist, der alles »wirkt«. Junghans mutet uns zu, zu erkennen und anzuerkennen: »Gott allein wirkt alles.«[51] Er meint, das »Heilswerk Christi« nehme zwar »in Luthers Theologie einen breiten Raum ein«. Aber er formuliert: »Es wäre … eine Engführung, wenn eine Darstellung der Theologie Luthers sich einseitig auf christologische Fragen konzentrierte«. Vielmehr beschreibe Luther »Gottes Wirken umfassend, von der fortwährenden Schöpfung angefangen über das Heilswerk in Jesus Christus bis zum gegenwärtigen Wirken des Heiligen Geistes«.[52] Junghans schließt sich damit jener neueren Luther-Deutung an, die das Wirken des Dreieinen Gottes als das Zentrum seines Denkens ansieht.[53] Nicht die Christologie steht im Mittelpunkt, auch nicht die Ethik oder die Schöpfung, sondern das umfassende Handeln der Trinität.

Gott wirkt alles allein und durch sein Wort, so deutet Helmar Junghans den Reformator weiter. Auch an dieser Stelle betont er den möglichen Einfluss des Humanismus mit den Worten: »Es ist schwer vorstellbar, daß Luther ohne Anregungen von seiten Erfurter Humanisten die Bedeutung des Wortes für Gottes Wirken erkannt hat.«[54] Manche Forscher werden sagen, dies sei durchaus vorstellbar, aber es ist Junghans nicht zu verdenken, dass er mindestens die *Möglichkeit* einer Einflussnahme des Humanismus hier erwägt. Wichtiger für uns ist, dass nach Auffassung von Junghans sich dies »in einem Prozeß« vollzieht, genauer: in einem »dialogischen Prozeß«. Denn auf Gottes Anrede folgt die Antwort des Menschen

48 Helmar JUNGHANS: Die Mitte der Theologie Luthers. In: Junghans: Spätmittelalter … (wie Anm. 2), 91-98; Zit. 92. [86].

49 Ebd.

50 Ebd, 93.

51 Ebd.

52 Ebd.

53 Vgl. Bernhard LOHSE: Luthers Theologie in ihrer historischen Entwicklung und in ihrem systematischen Zusammenhang. Göttingen 1995, 223-256, oder Hans-MARTIN BARTH: Die Theologie Martin Luthers: eine kritische Würdigung. Gütersloh 2009.

54 Junghans: Die Mitte der Theologie Luthers (wie Anm. 48), 95.

und darauf wieder die neue Rede Gottes.[55] Wir Menschen werden also der Zuwendung durch Gott gewürdigt, er hört auf uns und bricht nicht etwa den Dialog ab. Folgerichtig meint Helmar Junghans deswegen, es handele sich hier um einen »Prozeß zum Heil«.[56] Junghans deutet Luthers Arbeit und Leben zusammenfassend mit den Worten: »Gott wirkt alles durch das Wort in einem dialogischen Prozeß zum Heil. Wer sich das vergegenwärtigt, der versteht auch, warum dieser Wittenberger Doktor der Heiligen Schrift, der 1527 infolge einer Hirndurchblutungsstörung mit seinem Tod rechnete, der durch einen päpstlichen Bann dem ewigen und durch eine kaiserliche Acht dem leiblichen Tod preisgegeben war, im Jahre 1530 – als ihn Kopfschmerzen quälten und sein Werk auf dem Augsburger Reichstag starken Anfechtungen ausgesetzt war – auf der Veste Coburg dies Wort aus Psalm 118 an die Wand schrieb: ›Ich werde nicht sterben, sondern leben und des Herrn Werke verkündigen.‹«[57] Dem ist, so meine ich, über den deutschen Humanisten Luther nichts hinzuzufügen.

IV Die Koordinaten der Geschichtsschreibung: Zeit und Raum

Es ist immer wieder ein Wagnis, andere Zeiten verstehen zu wollen, in der bekannten Hoffnung herauszubekommen, wie es denn gewesen sei. Was meinen Menschen wirklich, wenn sie etwas sagen? Was verschweigen sie, was machen sie uns vor? Das ist in der Zeitgeschichte auch nicht einfacher als im Altertum, wie Joachim Mehlhausen oder Kurt Nowak gezeigt haben. Aber auch die Reformationsgeschichte ist nicht leicht zu deuten. Habe ich Helmar Junghans überinterpretiert mit der Aussage vom »deutschen Humanisten Luther«? Oder war dies eine treffende Akzentsetzung? Sie haben festgestellt, dass Junghans natürlich auch vom Theologen Luther spricht. Wäre hier eine Korrektur meiner provozierenden Überschrift erforderlich?

Bei den Arbeiten von Helmar Junghans ist mir aufgefallen, dass er nicht nur die Zeit zu erfassen sucht, in der sich die behandelten Ereignisse oder die dargestellten Gedankengänge abspielten, sondern auch den Raum. Alle historischen Vorgänge spielen sich in Zeit *und Raum* ab. Auch die Gedanken, die öffentlich gemacht werden, sind in einem hohen Maße von dem Raum abhängig, in dem sie entstehen. Wie wird nämlich hier das Erdachte aufgenommen? Hat es die Chance, von hier aus in die Breite zu gelangen? Nicht einmal die Ideen- und die Geistesgeschichtler können von dieser räumlichen Dimension völlig absehen. Das war Helmar Junghans viel klarer als manchen anderen Historikern.

So formulierte er nicht: »Der junge Luther und der Humanismus« und suchte nach Werken des großen Erasmus, die der junge Student vielleicht gelesen haben

55 Ebd, 96 f.
56 Ebd, 97.
57 Ebd, 98.

könnte, sondern er analysierte den Humanismus dort, wo ihm Luther begegnen konnte, bei den Humanisten in Erfurt und in Wittenberg. Deswegen lautet der Titel seines Buches: »Der junge Luther und die Humanisten«! Junghans war der Meinung, dass der Renaissancehumanismus »in Deutschland am Anfang des 16. Jahrhunderts« seine »Blüte erreichte«.[58] Den mitteldeutschen, also für Luther wichtigen Humanismus untersuchte er an fürstlichen Höfen, in städtischen Räten und auch in Klöstern und Stiften: Wo saßen hier wie lange Humanisten, arbeiteten und brachten ihre Gedanken ein? Auch die mitteldeutschen Universitäten nahm er selbstverständlich unter die Lupe: Erfurt, Leipzig und Wittenberg.[59] Wenn er auch der Meinung war, die mitteldeutschen Humanisten seien alles in allem »mittelmäßig« gewesen und »in den Schatten« des Erasmus geraten – ein Urteil, dem man nur schwer widersprechen kann –, so ist ihm aber auch darin zuzustimmen, dass sich hier ein »Nährboden für Entwicklungen von weltgeschichtlicher Bedeutung heranbildete«.[60] Angesichts der Wirkungen, die von Wittenberg ab 1517 ausgingen, ist dieses Urteil einleuchtend. Wissenschaft ist immer in Bewegung – oder sie verdient diesen Namen nicht. Sie lebt vom Gespräch, vom Disput, von Disputationen, vom Wandel der Methoden und der Voraussetzungen des Denkens. Ob heute die Wünsche von Staat und Wirtschaft unangemessen auf die Wissenschaften einwirken, sei hier nur gefragt, denn es ist nicht unser Thema. Luther lebte in einer Umbruchzeit, in der neue Welten entdeckt worden waren, neue Räume. In dieser lebendigen Epoche konnte auch in einer kleinen Stadt wie Wittenberg Geschichte geschrieben werden.

Die Reformation ist ein Bündel, ein Syndrom von Ereignissen, in einer bestimmten Zeit und in einem definierbaren Raum. Die sozialen, die kulturellen, die religiösen, die politischen Vorgaben prägten damals die Menschen, wie sie auch uns heute bestimmen. Junghans ist nie der Versuchung erlegen, den Raum der untersuchten zeitlichen Vorkommnisse zu unterschätzen. Er hat sich nicht bemüht, neue, große Schlagworte zu bilden. Aber er hat auch nicht einfach übernommen, was an neuen Begriffen vorgelegt wurde. Sondern er hat nachgefragt, wie es denn damit *vor Ort* wirklich aussah. So hat er zum Beispiel »Die kursächsische Kirchen- und Schulordnung von 1580« unter der Fragestellung untersucht: War sie ein »Instrument der ›lutherischen‹ Konfessionalisierung?«[61] Er wagte es – wieder einmal –, in ein Wespennest hineinzugreifen, denn er konnte sicher sein, dass die

58 Helmar JUNGHANS: Der mitteldeutsche Renaissancehumanismus: Nährboden der Frühen Neuzeit (Sitzungsberichte der Sächsischen Akademie der Wissenschaften zu Leipzig – Philologisch-Historische Klasse; 139, H. 1). Stuttgart; Leipzig 2004, 5. [152].

59 Vgl. ebd, 8-31.

60 Ebd, 8.

61 Helmar JUNGHANS: Die kursächsische Kirchen- und Schulordnung von 1580: Instrument der »lutherischen« Konfessionalisierung?. In: Die sächsischen Kurfürsten ... (wie Anm. 25), 209-238. [192].

schon ein wenig festgefahrenen Positionen sich nicht mehr bewegen ließen und dass er nicht nur Zuspruch finden werde.

Helmar Junghans stellt in der Ordnung von 1580 eine Konzentration der kirchlichen Institutionen fest. So wurde 1580 ein Oberkonsistorium in Dresden errichtet und ein Generalsynodus geschaffen.[62] Dadurch sollte die Aufsicht über die gesamte Kirche verbessert werden. Dasselbe gilt für die Schulordnung. Auch diese zielte darauf ab, »für die Schulen eine landesweit geltende Ordnung und Aufsicht einzuführen«.[63] Die Universitäten wurden durch einen Kanzler besser kontrolliert, der über die Einhaltung der Statuten wachen sollte.[64] Damit war es nach Meinung des fürstlichen Hofes offenbar nicht zum Besten bestellt gewesen. Zwar wurden auch die kirchlichen Normen in Erinnerung gerufen. Aber Junghans zitiert Ernst Koch zustimmend, dass dort, »wo das Konkordienbuch in Geltung stand«, der »theologische Spielraum [...] bemerkenswert weit« (Ernst Koch) gewesen sei.[65] Die Praxis blieb etwa an der Universität Wittenberg »weit hinter der 1580 ins Auge gefaßten Kontrolle zurück«.[66]

Deswegen wird provokatorisch gefragt; »Was ist an der Kirchenordnung von 1580 absolutistisch?«[67] Junghans findet etliche Elemente, die dafür sprechen: Hierarchisierung, zentrale Gesetzgebung und »Verstaatlichung« der Kirche.[68] Zugleich erkennt er aber an, dass der *Frühabsolutismus*, der sich hier manifestiert, die Kirchenordnung auch »als ein Instrument der lutherischen Konfessionalisierung geschaffen« hatte. Die Vorschriften des Gesetzes seien aber faktisch undurchführbar gewesen.[69] Außerdem habe ihr »das Herzstück von Luthers Theologie« gefehlt. »Die Orientierung auf christliche Grundkenntnisse und Einhalten von Gesetzen [...] ließ die Erneuerung aus dem Glauben [...] in den Hintergrund treten.« Junghans bevorzugt dann auch statt des Begriffs der Konfessionalisierung mit Ernst Koch und Hartmut Lehmann den des »Konfessionellen Zeitalters«. Statt eine solche Kirchenordnung zum Nachweis für die Berechtigung von Begriffen zu benutzen, rät er, sie »vor allem (als) eine Quelle zu kritisierten Zuständen, zu Zielen und Maßnahmen der Landesherrschaft, weniger zum Erfassen einer verwirklichten Reform des Lebens« anzusehen.[70] Auf den Raum kommt es also wesentlich an, wofür etwas bestimmt ist. Das hat Helmar Junghans stets beachtet und besonders

62 Vgl. ebd, 215 f.
63 Ebd, 221.
64 Vgl. ebd, 222.
65 Ebd, 228.
66 Ebd.
67 Ebd, 233.
68 Vgl. ebd, 233-235.
69 Vgl. ebd, 236.
70 Ebd, 238.

im Hinblick auf Sachsen an weiteren Beispielen dargestellt,[71] die uns jetzt aber nicht auch noch beschäftigen müssen.

V Helmar Junghans' Selbstdeutung

Helmar Junghans hat in seiner »Selbstvorstellung« nach seiner Wahl zum ordentlichen Mitglied der »Sächsischen Akademie der Wissenschaften zu Leipzig« seinen Bildungsweg geschildert.[72] Er hat »auf dem Kirchlichen Oberseminar in Potsdam-Hermannswerder ein Abitur für das Theologiestudium« erworben. Bereits während seines Studiums in Leipzig war er »Hilfsassistent am Institut für Kirchengeschichte bei Franz Lau«[73] – übrigens dem letzten Theologen, der 1965 zum ordentlichen Mitglied dieser Akademie während der Zeit der DDR gewählt worden ist. Kurt Nowak war dann der erste Theologe, der nach der Wiedervereinigung, nämlich im Jahr 1991, Ordentliches Mitglied geworden ist.[74] Junghans hat in seiner »Selbstvorstellung« kurz von seiner Promotion und seiner hohen Achtung des Spätmittelalters berichtet, bevor er auf seine Mitarbeit am »Lutherjahrbuch« und der »Lutherbibliographie« eingegangen ist. Dass auf der Reformationsgeschichte der Schwerpunkt seiner Forschungen bis 1995 lag, wird rasch deutlich.

Mit einer gewissen Beharrlichkeit trug er seine an den Quellen erarbeitete Auffassung vor. Seine Deutungen waren und sind stimmig. Man mag hier oder dort etwas andere Akzente setzen. Aber seine Begründungen verlieren dadurch nicht

---

71 Vgl. etwa Helmar JUNGHANS: Die Ausbreitung der Reformation von 1517 bis 1539. In: Das Jahrhundert der Reformation in Sachsen/ im Auftrag der Arbeitsgemeinschaft für Sächsische Kirchengeschichte anlässlich ihres 125jährigen Bestehens hrsg. von Helmar Junghans. 2., erw. Aufl. Leipzig 2005, 37-67 [177], oder DERS.: Reformatorische Impulse, die Sachsen prägten. Evangelischer Arbeitskreis der CDU Sachsen, Vortrag am 30. Oktober 1999, 16 S. [181].

72 Helmar JUNGHANS: Selbstvorstellung. In: Sächsische Akademie der Wissenschaften, Jahrbuch 1995-1996, Stuttgart; Leipzig 1998, 467-470. [218].

73 Ebd, 467.

74 Detlef DÖRING: Franz Lau als Mitglied der Sächsischen Akademie der Wissenschaften. In: Franz Lau (1907-1973) (wie Anm. 9), 74 f. Gewählt wurde Lau bereits 1964, aber die Bestätigung der Wahl durch den Ministerpräsidenten der DDR, Willi Stoph, und die Neukonstituierung des Präsidiums der Akademie zogen sich hin, vgl. ebd. Franz Lau gehörte 1938 übrigens mit zu den Prüfern der Kandidaten der sächsischen Bekennenden Kirche, die sich durch eine Kommission unter der Obhut der bayerischen Landeskirche prüfen ließen, vgl. Markus HEIN: Franz Lau und seine sächsische Landeskirche. In: Franz Lau (1907-1973) (wie Anm. 9), 33: »Für die Bekennende Kirche fuhr Lau auch nach München, um dort den Kandidaten, die sich nicht durch das deutsch-christliche Prüfungsamt prüfen lassen wollten, das Zweite Theologische Examen abzunehmen.«; vgl. dazu Gerhard MÜLLER: Bekennende Kirche konkret: Unterstützung von Gemeinden der Bekennenden Kirche in anderen Landeskirchen durch die Evangelisch-Lutherische Kirche in Bayern. Zeitschrift für bayerische Kirchengeschichte 77 (2008), 235-251, bes. 241-243.

ihren Wert. Für große Schlagworte war er nicht zu haben, die nicht selten so rasch wieder vergehen, wie sie entstanden sind.

Das ist bis zu seinem Tod so geblieben. Sein Interesse für Martin Luther erlahmte nicht und auch nicht sein Einsatz für die sächsische Kirchengeschichte. Er vergaß nicht den Sitz im Leben der historischen Ereignisse und beachtete die historischen und räumlichen Umstände genau. Er hat damit Aufgaben aufgezeigt, deren Bearbeitung wir nicht vergessen dürfen. Da er selbst aus seiner Arbeit so früh herausgerissen wurde, ist es an uns, seine Forschungsschwerpunkte zu beachten und fortzuführen.

Helmar Junghans und Martin Luther

Von Johannes Schilling

I

Martin Luther war der Leitstern von Helmar Junghans' wissenschaftlichem Lebenswerk. In Lehre und Leben hat er ihn gewiesen und seiner Arbeit Richtung gegeben. Wo es einen Leitstern gibt, finden sich andere Sterne, nach denen man sieht und zugleich Acht hat auf die Gassen. Der Aufblick zum Himmel und das Niederfahren zur Arbeit auf der Erde zeichnen Helmar Junghans' Lebenswerk gleichermaßen aus.

Dabei kann ich nur drei Momente andeuten, die zu Helmar Junghans' lebenslanger Arbeit an Luther geführt haben. Über ihren Zusammenhang weiß ich nichts; andere – auch unter den Anwesenden – mögen dazu vielleicht mehr zu sagen haben. Es ist wohl vor allem der Charakter der Theologie Luthers, die dem jungen Junghans geistlich und geistig lebensdienlich gewesen sein mag. Aus der Rückschau kann man sich jedenfalls nicht vorstellen, dass gerade diese Form existentieller Theologie ihn nicht angesprochen, berührt, ja, gepackt und ergriffen habe. Das zweite Moment war der politische Kontext, in dem der junge Junghans Theologie studierte und seinen wissenschaftlichen Weg nahm, die DDR, die ihm Hindernis und Antrieb zugleich für seine Arbeit war. Irgendwie hat er dem System getrotzt und endlich obsiegt. Man stelle sich vor, er wäre etwa vor 1983 gestorben. Das dritte Moment, der motivierende Beweger aber muss der akademische Lehrer Franz Lau[1] gewesen sein, der ihn auf den Weg geführt, auf die Bahn gebracht, in die Spur gesetzt hat. Dabei ist er geblieben.

II

Das Lutherjahrbuch war das organisierende Zentrum seiner Arbeit.[2] Hier hat er in jeder Hinsicht gewirkt, als Autor eigener Forschungsbeiträge, als beständiger Rezensent, und zwar sowohl einzelner Werke als auch als Verfasser von Sammelrezensionen unter der Rubrik »Luther und die Welt der Reformation«, als Anreger und Förderer zahlreicher Aufsätze, um die er andere Autoren bat, als ein »inten-

1 Helmar JUNGHANS: In memoriam D. Franz Lau. LuJ 42 (1975), 7-11 [198]; erweitert in: HCh [9] (1975/76), 227-229 [199]. – Vgl. jetzt auch FRANZ LAU (1907-1973): Pfarrer, Superintendent und Kirchenhistoriker/ hrsg. von Markus Hein; Helmar Junghans (HCh Sonderband; 17). Leipzig 2011. [051].

2 Vgl. Johannes SCHILLING: In memoriam Helmar Junghans. LuJ 77 (2010), 11-14.

siver Herausgeber« und Redaktor, als Sammler der Beiträge der Internationalen Lutherforschungskongresse und, in späteren Jahren, nicht zuletzt als Setzer des Buches, der mit den Texten seiner Autoren unter Umständen nach der Anzahl der zur Verfügung stehenden Zeichen auf der Seite und nicht nach deren Autorwillen verfuhr – von den Besonderheiten der Leipziger Zitationsweise nicht zu reden. In einem spezifischen Sinne waren, jedenfalls seit der den neuen Medien gegenüber stets Aufgeschlossene die Lutherjahrbücher bis zur Druckvorstufe selbst herstellte, diese Bücher als solche ganz sein Werk.

III

Die von Franz Lau übernommene Herausgeberschaft des Jahrbuchs schloss die Erarbeitung einer Lutherbibliographie ein. Eine solche Bibliographie zielt grundsätzlich auf Vollständigkeit. Alle Bücher und Schriften, ja auch neue Medien von und über Luther sollten in dieser Bibliographie recherchierbar sein. Um dieses Ziel zu erreichen, wurden Bücher und Aufsätze notiert und ausgewertet, bibliographische Daten über die Deutsche Bücherei ermittelt und ein weites Feld der internationalen Lutherforschung und Lutherpflege in den Blick genommen. Nirgends sonst kann man so viele Titel von und über Luther finden wie in der Lutherbibliographie.

Über die Jahrzehnte ist in Leipzig von vielen studentischen Hilfskräften, die später zum Teil Mitarbeiter, Assistenten oder Professoren wurden, also von besonders qualifizierten Personen, ein einzigartiger bibliographischer Thesaurus entstanden, den wir in den nächsten Jahren gemeinsam ins Internet überführen und damit aller Welt zugänglich machen wollen. Michael Beyer ist der gegenwärtige ›Chef‹ der Lutherbibliographie, und es wird zu seinen Aufgaben gehören, diesen Leipziger Schatz, der doch ein Schatz der Lutherforschung und der Wissenschaft insgesamt ist, in einen Stand zu bringen, der den gegenwärtigen und künftigen Erfordernissen der Arbeit an Luther entspricht. Wir hoffen, dass für eine solche Großaufgabe auch entsprechende finanzielle Mittel zur Verfügung gestellt werden.

IV

Bibliographieren war und ist eine Voraussetzung für ordentliche wissenschaftliche Arbeit. Diese selbst fiel, was die Arbeit an Luther angeht, in eine Phase ausgesprochen vielfältiger und hochrangiger Forschung. Im Rückblick wird man vielleicht sagen können, dass die zweite Hälfte des 20. Jahrhunderts in vieler Hinsicht eine Blütezeit der Lutherforschung gewesen ist und dass Helmar Junghans zu dieser Blüte selbst erheblich beigetragen hat. Die Altersgenossen, die Angehörigen seiner Jahrgänge, die, Gott sei Dank, in größerer Zahl noch unter uns und noch immer wissenschaftlich aktiv sind, haben als junge Leute die Reformation als das Feld ihrer kirchengeschichtlichen Arbeit gefunden und erwählt – und ihre Arbeit hat gute Früchte getragen. Freilich ist da und dort das Feld auch bestellt; Junghans hat durch das »von ihm zum Lutherjubiläum [1983] konzipierte und herausgegebene Sammelwerk ›Leben und Werk Martin Luthers 1526 bis 1546‹« … selbst »das Wissen einer Generation« – eben seiner Generation – »von Reformationshistorikern«[3] gebündelt und uns dieses Referenzwerk zum fröhlichen Gebrauch hinterlassen.

V

Was hat Junghans neben der Arbeit an der Lutherbibliographie und der Herausgabe des Lutherjahrbuchs für die Lutherforschung getan? Ich beginne mit der Arbeit an den Texten. Junghans hat die Studienausgabe mit angeregt, er gehörte ihrem Herausgeberkollegium an, und er hat zentrale Texte in der Ausgabe bearbeitet: die Heidelberger Disputation, die Invokavitpredigten und die Schmalkaldischen Artikel.[4] Das ist, auf die Menge der Seiten gesehen, nicht sehr viel. Aber diese Stücke gehören zu den anspruchsvolleren, was die Konstitution der Texte betrifft. Andere Schriften Luthers sind ausführlicher kommentiert, etwa die Schrift »Vom Abendmahl Christi« durch Ernst Koch. Aber die Junghans'schen Stücke verlangten besondere philologische und editorische Kompetenz, und ich vermute, dass er sich gerade diese Stücke ausgesucht hat oder dass sie eben ihm übertragen wurden, weil er oder weil man dachte, er werde sie ordentlich, und das heißt, getreulich bearbeiten. Es ist ja in wissenschaftlichen Unternehmungen gut, wenn man Personen unter den Verantwortlichen hat, auf die man sich wirklich verlassen kann. Junghans hat seine Texte mit hohem Sachverstand und besonnenem Urteil ediert.

Da ihm die Vermittlung an ein breiteres Publikum am Herzen lag, hat er auch eine Martin Luther Taschenausgabe herausgegeben und zahlreiche Texte für einen Leserkreis bearbeitet, der Luthers Schriften im Original nicht lesen konnte und andernfalls nicht gelesen hätte. Ich kenne die Höhe der Auflage dieser Ausgabe nicht, aber ich bin sicher, dass sie zur Wahrnehmung Luthers in der DDR erheblich beigetragen hat. – In diesem Zusammenhang kann ich auch auf seine Übersetzung der 95 Thesen hinweisen, die in verschiedenen Ausgaben in Wittenberg und anderswo im Umlauf sind und diesen Grundtext der Reformation einer breiten Leserschaft zugänglich machen. Und in diesen Kontext gehört auch die Textsammlung »Die

3 Michael BEYER; Günther WARTENBERG, Vorwort. In: Helmar Junghans: Spätmittelalter, Luthers Reformation, Kirche in Sachsen: ausgewählte Aufsätze/ hrsg. von Michael Beyer; Günther Wartenberg (Arbeiten zur Kirchen- und Theologiegeschichte; 8). Leipzig 2001, 9.

4 Martin Luther: Studienausgabe. Bd. 1. Berlin 1979, 186-218; Bd. 2. Berlin 1982, 520-558; Bd. 5. Berlin 1992, 326-447. – Dazu kommen die »Disputatio contra scholasticam theologiam« (ebd 1, 163-172) und die »Vorrede zum ersten Band der lateinischen Schriften von 1545« (ebd 5, 618-638), aber diese Texte stellen als solche keine besonderen editorischen Herausforderungen dar.

Reformation in Augenzeugenberichten«, zuerst 1967 im Karl Rauch Verlag in Düsseldorf, die durch die Taschenbuchausgabe bei dtv einem großen Leserkreis Reformationsgeschichte aus erster Hand vermittelte [29].

Schließlich ist seine Mitarbeit an der Weimarer Ausgabe zu erwähnen. In deren Rahmen durfte der junge Mitarbeiter Johannes Schilling zur Besprechung der Edition nach Leipzig reisen. Das war 1979. Ich hatte keine DDR-Erfahrung und lernte von den Junghans-Söhnen, wie man unter den Bedingungen der Diktatur reden lernt, wenn man nicht systemkonform ist. Natürlich konnte ich so nicht reden, und der Westdeutsche junge Mann nahm staunend wahr, welche Möglichkeiten die Sprache bot und bietet, Freiräume zu schaffen, die es jenseits der Sprache nicht gab. Das hat mich damals tief und bleibend beeindruckt, und ich kam mir irgendwie naiv oder doch jedenfalls eindimensional vor in meiner Sprache. – Für den Nachtragsband WA 59 hat Helmar Junghans »Die philosophischen Thesen der Heidelberger Disputation mit ihren Probationes. 1518« [16] bearbeitet und damit einen gewichtigen Beitrag in der auch künftig maßgeblichen Lutherausgabe geliefert.[5]

VI

Texte wollen studiert und gedeutet werden; neben den bibliographischen Vor-Arbeiten sind auch Editionen in solchem Sinne Vor-Arbeiten, auch wenn sie Gültiges oder doch wenigstens Beständiges geliefert haben.

Befund und Deutung verband auch Helmar Junghans in seinen Arbeiten. Dabei war ihm Martin Luthers Verhältnis zum Humanismus und den Humanisten ein besonderes Anliegen. 1981 wurde eine Studie über »Beziehungen Martin Luthers zu Humanisten während der Anfänge seiner Entwicklung« als Dissertation B, also als Habilitationsschrift von der Sektion Theologie der Universität Leipzig angenommen.[6] Unter dem Titel »Der junge Luther und die Humanisten« erschienen diese Studien 1984 in der DDR im Verlag Hermann Böhlaus Nachfolger, der die Wende nicht überlebt hat[7], und ein Jahr später in der Bundesrepublik Deutschland bei Vandenhoeck & Ruprecht in Göttingen [145].

Mit diesen Arbeiten hat Junghans wissenschaftliches Neuland betreten und neue Wege zum Verständnis Luthers gebahnt. Es geht dabei ja nicht nur um die Frage, was Luther und die Reformation dem Humanismus und den Humanisten verdanken, sondern auch um das Problem, in welchen wissenschaftlichen Diskursen die Theologie sich befand und befindet, in welche Dialoge sie sich begibt und wie das Wechselverhältnis zwischen der Theologie und den anderen Geisteswissenschaften

5 WA 59, 405-426.

6 Vgl. Michael BEYER: Bibliographie Helmar Junghans 1959-2001. In: Junghans: Spätmittelalter … (wie Anm. 3), 410 – Nr. 87.

7 Vgl. Christoph LINKS: Das Schicksal der DDR-Verlage: die Privatisierung und ihre Konsequenzen. 2. Aufl. Berlin 2010, 111-114.

besteht oder geschaffen wird. Wer das Vorwort liest, wird den Versuch einer Korrektur an einer Theologie finden, die nach Junghans' Ansicht den zeitgenössischen Kontext Luthers allzu sehr vernachlässigte. »Das Vorliegende bestätigt also keine Erwartungen«, führt er aus, »sondern es erwuchs in der Auseinandersetzung mit den Quellen entgegen den vorhandenen Vorstellungen von der Beziehung zwischen Luther und Humanismus«.[8] Auf die Ausführungen selbst brauche ich hier nicht einzugehen; sie sind von der Forschung rezipiert worden und haben insofern das Bild verändert, als eine frühere schroffe Gegenüberstellung zwischen Luther und dem Humanismus oder den Humanisten so nicht mehr vollzogen wird – unbeschadet der Kontroverse, die Luther mit Erasmus hatte und die auch nicht eingeebnet werden soll und kann.

VII

Aus den zahlreichen Aufsätzen möchte ich heute auf seine Arbeit über »Die Mitte der Theologie Luthers«« eingehen. Sie wurde 1983 veröffentlicht, im Jubiläumsjahr, das die Deutschen in wechselseitiger Konkurrenz begangen haben und das in der Bundesrepublik Deutschland wie in der DDR zu beachtlichen Ergebnissen in der Forschung und in den großen Reformationsausstellungen geführt hat. Wenn wir das Reformationsjubiläum 2017 unter den aktuellen Bedingungen auf vergleichbarem Niveau begehen können, werden wir nicht schlecht dastehen.

In diesem Vortrag versuchte Junghans, in Aufnahme und Abgrenzung von anderen Darstellungen, die Mitte der Theologie Luthers zu definieren. Seine Formulierung lautete: »Gott wirkt alles durch sein Wort in einem dialogischen Prozeß zum Heil.«[9] Ausgangsbestimmung für diese These war ihm dabei Luthers Definition vom subiectum theologiae in seiner Vorlesung über Psalm 51: »Cognitio dei et hominis est sapientia divina et proprie theologica, Et ita cognitio dei et hominis, ut referatur tandem ad deum iustificantem et hominem peccatorem, ut proprie sit subiectum Theologiae homo reus et perditus et deus iustificans vel salvator.«[10] Es geht in der Theologie um die Erkenntnis Gottes und des Menschen, um »cognitio dei et hominis«. Diese ist nicht nur das Subiectum, sondern auch das Proprium der Theologie. Junghans' erfahrungsorientiertes Verständnis von Luthers Theologie zielte darauf ab, den Prozess der Erkenntnis des Theologen einfließen zu lassen in dessen Handeln. More historico ist das so zu beschreiben: »Luther treibt Theologie, indem er die Taten Gottes in die Mitte seiner Theologie rückt, in der Heiligen Schrift, in der Geschichte und in seiner eigenen Zeit aufspürt, beschreibt und predigt, ja selber mit verwirklicht.«[11]

8 Helmar JUNGHANS: Der junge Luther und die Humanisten. Göttingen 1985, 9. [145].

9 Helmar JUNGHANS: Die Mitte der Theologie Luthers. In: Ders.: Spätmittelalter … (wie Anm. 3), 91-98, hier 98. [86].

10 WA 40 II, 327,11 f - 328,2; von Junghans nicht zitiert.

11 Junghans: Spätmittelalter … (wie Anm. 3), 93.

Diese Formulierung hat etwas Suggestives, und sie ist nicht ohne Grenzziehung zu gebrauchen. Ich zitiere Luther zur Markierung der Grenze: »Ich hab nichts gethan, das wort hatt es alles gehandelt und außgericht.«[12] – Junghans' Ansatz und Anliegen aber, Gottes Allwirksamkeit, sein Handeln in seinem Wort, seine Erwartung der Antwort des Menschen und sein eschatologischer Heilswille, der sich schon hier und jetzt vollzieht, Gestalt gewinnt, Wirklichkeit wird, darzustellen, ist Luther gemäß und gibt eine Antwort auf die eingangs von ihm gestellte Frage an jede Darstellung der Theologie Luthers – und vielleicht der Theologie überhaupt: »Was kann er [der Leser] daraus für seine tägliche theologische Arbeit in der Verkündigung entnehmen?«[13] Theologie treiben heißt nach diesem Verständnis, sich von Gott gebrauchen zu lassen, sich in seinen Dienst zu stellen. Theologie studieren heißt in diesem Sinne: mit Herz und Sinnen bei der Sache sein, erfahren, dass es um nichts anderes und um nichts weniger geht als um cognitio dei et hominis, um meine Gottes- und Selbsterkenntnis.

VIII

Ein besonders eindrucksvolles Beispiel für Junghans' Verbindung von gründlicher historischer Forschung und Präsentation der Ergebnisse dieser Forschung ist das Buch »Wittenberg als Lutherstadt«. Es erschien 1979 im Union-Verlag, dem Verlag der CDU der DDR.[14] In der Bundesrepublik Deutschland wurde der Titel wiederum von Vandenhoeck & Ruprecht vertrieben. Das schön ausgestatte Buch – im Westen hätte man ein solches Werk für den damaligen Preis nicht herstellen können, im Osten wahrscheinlich auch nicht, aber man tat es eben – bietet eine Geschichte der Stadt Wittenberg von den Anfängen bis in die Gegenwart unter dem Aspekt der Geschichte der Wirkungen Luthers.[15]

Man könnte an Helmar Junghans' Wirken und Werk darlegen, wie ordentliche kirchengeschichtliche Arbeit überhaupt gemacht wird. Von den Anfängen einer klaren Orientierung über ein sorgfältiges, auf Vollständigkeit und Urteil achtendes Bibliographieren über nach dem Stand der editorischen Erkenntnis hergestellte Texte zu deren Darstellung und Deutung, und dies innerhalb des Diskurses der Forschung und über ihn hinaus für eine Öffentlichkeit, die für die Sache der Reformation zu interessieren, zu gewinnen, ja, zu begeistern war, hat er alle sinnvollen und notwendigen Wege beschritten. Deshalb wird vieles aus seinem Werk bestehen.

12 WA 10 III, 19, 2 f (Predigt am Montag nach Invokavit, 10. März 1522).
13 Junghans: Spätmittelalter … (wie Anm. 3), 91.
14 Vgl. Links: Das Schicksal der DDR-Verlage (wie Anm. 7), 263-265.
15 Vgl. auch den Beitrag von Armin Kohnle, unten S. 51-58.

Titelblatt der Neubearbeitung des Buches»Wittenberg als Lutherstadt«
anlässlich des 450. Todestages von Martin Luther:
Helmar JUNGHANS: Martin Luther und Wittenberg.
München; Berlin: Koehler & Amelang, 1996. [60.3]

IX

In seinem Durchgang durch die »Kirchengeschichtsschreibung in Leipzig im Wandel der Theologie und Wissenschaftskultur«, der wohl nicht umsonst am Ende des Bandes seiner ausgewählten Aufsätze steht, gibt es einen Abschnitt über »Das religiöse Sachverständnis«. Man kann auch sagen, Junghans handle in diesen wenigen Sätzen von der Kirchengeschichte als einer theologischen Disziplin. Dabei ist davon die Rede, auch die Nachfolger Albert Haucks und Heinrich Boehmers hätten »ihre Forschung aus Liebe zur ›religiösen Sache‹ der Reformation und zur Kirche getrieben«.[16] Was aber war dieser Satz anderes als eben ein Selbstzeugnis?! Und wie anders könnte und möchte man die Schlussbemerkungen lesen denn als eine Charakterisierung der eigenen kirchengeschichtlichen Arbeit:

> »Auffallend ist aber das relativ frühe Bemühen, aus der Heiligen Schrift und geschichtlichen Quellen Kriterien zu gewinnen, um die jeweils zeitgenössischen Darstellungen beurteilen und korrigieren zu können. Zunächst richtete sich diese Kritik vor allem gegen die systematische Theologie [...] Später kam die bewußte Auseinandersetzung mit denjenigen Darstellungen kirchengeschichtlicher Vorgänge und Personen hinzu, die von geschichtsphilosophischen und schließlich kirchenfeindlichen Prämissen bestimmt waren. Dabei erwies sich das historistische Rüstzeug als wirksame Hilfe, Ideologisierungen zu entgehen, sich in der Auseinandersetzung mit ideologisierenden Darstellungen zu behaupten und der Verkündigung der Kirche zu dienen.«[17]

Das ist, so scheint mir, Helmar Junghans' kirchengeschichtliches Credo als Lutherforscher.

16 Helmar JUNGHANS: Kirchengeschichtsschreibung in Leipzig im Wandel der Theologie und Wissenschaftskultur. In: Ders.: Spätmittelalter ... (wie Anm. 3), 391-406, hier 406. [184].

17 Ebd, 406.

Helmar Junghans als Melanchthonforscher

Von Irene Dingel

Helmar Junghans war Lutherforscher. Dies zeigt seine reichhaltige Bibliographie auf den ersten Blick. Zu Philipp Melanchthon und zu dessen vielfältigem Wirken hat sich Junghans eher selten geäußert. Seine wissenschaftlichen Beiträge zu dem Brettener Humanisten und Wittenberger Reformator bewegen sich zahlenmäßig im einstelligen Bereich. Was ihn dazu brachte, sich Melanchthon intensiver zuzuwenden, war das Jubiläum 1997. Im Umkreis dieses Datums erschienen von ihm vier Spezialuntersuchungen und ein umfangreicher Literaturbericht, der darauf zielt, bis hin zu Abreißkalendern mit Zitaten aus der Confessio Augustana schlechthin alle aus den Jubiläumsaktivitäten hervorgegangenen Publikationen zu dokumentieren[1]. In seiner klaren und unprätentiösen Art gibt Junghans Auskunft über Inhalte und Ergebnisse, zeigt Forschungstrends an, hebt neue Ergebnisse hervor, merkt Versäumnisse an und brandmarkt Fehlinterpretationen und sich hinter terminologischer Stilisierung verbergende Unkenntnis. Der in zwei Teile gegliederte, im Lutherjahrbuch abgedruckte Literaturbericht ist deshalb besonders geeignet, um Helmar Junghans als Melanchthonforscher auf die Spur zu kommen. Denn hier findet man eben nicht nur Informationen zu den entsprechenden wissenschaftlichen Aktivitäten jener Jahre, sondern man begegnet dem Autor des Literaturberichts und seinen Einschätzungen zwischen den Zeilen selbst, und zwar auf Schritt und Tritt. Man gewinnt Einblick in die von Junghans bevorzugten oder selbst vorgenommen Akzentsetzungen in der Melanchthonforschung, man erkennt seine Abneigung gegen die stets und oft allzu forsch wiederholten Klischees und entdeckt seinen feinen Humor, in den er seine Kritik einzeichnete. Ich werde mich deshalb vornehmlich auf diesen insgesamt 106 Seiten umfassenden Literaturbericht stützen, der in den Jahren 2000 und 2003 unter der Überschrift »Das Melanchthonjubiläum 1997«[2] erschien, ohne freilich die anderen Untersuchungen zu vernachlässigen. Dabei möchte ich durch gezielte Auswahl von Zitaten auch Helmar Junghans selbst sprechen lassen und ihn uns auf diese Weise noch einmal als unverwechselbare Forscherpersönlichkeit vergegenwärtigen. Vielleicht kommt es dem Melanchthon-

1 Helmar JUNGHANS: Das Melanchthonjubiläum 1997. Teil 1: Quellen, Biographien, Ausstellungen, Reiseführer, Medaillen, Tagungen. LuJ 67 (2000), 95-162 [311]; Teil 2: Tagungen (Fortsetzung), Vorlesungen, Festschriften, Monographien zur Theologie und Frömmigkeit, Reformationsjubiläen. LuJ 70 (2003), 175-214 [319]. Die Besprechung des Abreißkalenders findet sich in Teil 1, LuJ 67 (2000), 102.

2 Für die komplette bibliographische Angabe vgl. o. Anm. 1.

forscher Junghans am nächsten, wenn ich – auf der Basis seiner auf Melanchthon bezogenen Veröffentlichungen – eine Reihe von »Loci« definiere, die dazu dienen, Junghans' Haltung in der Melanchthonforschung zu verstehen. Er selbst hat den primären Sinn von »Loci« nämlich darin gesehen, eine Verständnishilfe zu bieten. In seinem Beitrag »Das Theologieverständnis von Martin Luther und Philipp Melanchthon«[3] machte er klar, dass der eigentliche Zweck der Loci Melanchthons keineswegs in der Bereitstellung einer theologischen Systematik bestanden habe, sondern darin, denjenigen, die Theologie treiben wollen, ein Handwerkszeug zum besseren Verständnis der Heiligen Schrift an die Hand zu geben. »Soweit ich sehe«, so formulierte Junghans, »besteht eine große Übereinstimmung darin, daß Luther und Melanchthon das Ziel ihrer Theologie nicht darin gesehen haben, ein systematisch geschlossenes Lehrgebäude zu errichten.«[4]

In diesem Zitat klingt bereits einer der Aspekte an, die die Arbeiten von Helmar Junghans zu Melanchthon wie ein roter Faden durchziehen, nämlich seine *Perspektive auf die Zusammengehörigkeit der Wittenberger Reformation (II)*. Wir werden später – an zweiter Stelle in der Abfolge der Loci – wieder darauf zurückkommen. Weitere Schwerpunkte, die sich aus seinen Aufsätzen zu Melanchthon ergeben und an denen ich mein Referat orientieren möchte sind:

(I) Die Entdeckerfreude des Kirchenhistorikers

(III) Die Aufarbeitung und Korrektur überkommener Forschungsmeinungen sowie die Widerlegung von Klischees

(IV) Junghans' Sinn für territorialkirchengeschichtliche und landeshistorische Kontexte

(V) seine pointierte und auch humorvolle Kritik sowie

(VI) sein Pochen auf Gegenwartsrelevanz der Forschung.

I Entdeckerfreude

Junghans' Spürsinn für bisher unbekannte Quellen und seine Entdeckerfreude war auch für die Melanchthonforschung von Ertrag. Nicht nur bei anderen lobte er das Auffinden neuer Dokumente, wie zum Beispiel einer Loci-Ausgabe von 1569, die bisher im »Verzeichnis der im deutschen Sprachbereich erschienenen Drucke des XVI. Jahrhunderts (VD 16)« nicht verzeichnet war[5]. Auch er selbst präsentierte der akademischen Öffentlichkeit neue Funde. So veröffentlichte er im Jahre 1998 »Drei unbekannte Briefe von Martin Luther und Philipp Melanchthon zur Ehesache

3 Helmar JUNGHANS: Das Theologieverständnis von Martin Luther und Philipp Melanchthon. In: Dona Melanchthoniana: Festgabe für Heinz Scheible zum 70. Geburtstag/ hrsg. von Johanna Loehr. Stuttgart-Bad Cannstatt 2001; ²2005, 193-210. [88].

4 Junghans: Das Theologieverständnis … (wie Anm. 3), 208.

5 Vgl. Junghans: Das Melanchthonjubiläum 1997. Teil. 1 (wie Anm. 1), 129.

der Anna Schulze in Eilenburg«,[6] auf die er im dortigen Stadtmuseum gestoßen war. Bis ins Einzelne gehend und ungeheuer kenntnisreich beschrieb Junghans den Band, der die Dokumente enthielt,[7] bot eine vorbildliche, kommentierte Edition der drei Briefe und schilderte den komplizierten eherechtlichen Fall, in den außer dem Eilenburger Rat auch der sächsische Kurfürst und die sich als Visitatoren verantwortlich fühlenden Luther und Melanchthon eingriffen. Tatsächlich erreichten sie durch ihre Briefe, dass eine harte Rechtsprechung ausgesetzt wurde, die nach den damaligen Normen wohl durchaus korrekt war, sich aber zum Nachteil eines Paars ausgewirkt hätte, das gegen geltende Heiratsabsprachen aus Neigung zueinander gefunden hatte, das dann über die Landesgrenzen geflohen war und im albertinischen Sachsen eine Ehe nach altgläubigem Ritus geschlossen hatte. Die minutiöse Darstellung des Falls[8] und die Edition der Reformatorenbriefe[9] belegen Junghans' Interesse an dem Wirken Melanchthons als Teil einer größeren Wittenberger Gruppe, zu der Justus Jonas, in diesem Fall auch der Wittenberger Stadthauptmann und Landvogt Hans von Metzsch und der ebenfalls in Wittenberg ansässige Jurist Benedict Pauli gehörten. Was in diesem Beitrag exemplarisch deutlich wird, ist der Einfluss, den Melanchthon im Kreise Gleichgesinnter mit seinen Argumentationsstrategien auf die Gestaltung sozialer und rechtlicher Verhältnisse ausübte. Damit ist bereits ein zweiter Aspekt der von Junghans betriebenen Melanchthonforschung angesprochen, nämlich:

II Die Zusammengehörigkeit der Wittenberger Reformation

Helmar Junghans wurde nicht müde, immer wieder ins Gedächtnis zurückzurufen, wie sehr Luther und Melanchthon in ihrer Theologie aufeinander bezogen waren und beide in Komplementarität zusammenwirkten. Auch in seinen Besprechungen der Melanchthonliteratur des Jubiläumsjahrs hob er immer wieder als Desiderat hervor, dass das Verhältnis zwischen den beiden Reformatoren angemessen zu beschreiben sei. So kritisierte er zum Beispiel, dass ein Autor »einen Gegensatz im Verständnis des Naturrechts zwischen Luther und Melanchthon« konstruiert habe, zumal er »auf falschen Voraussetzungen beruht«.[10] Gegen die Tendenz, die beiden Wittenberger in der Frage des Umgangs mit der Tradition in plakativer Weise auseinanderzudividieren, hielt Junghans fest, »daß sich Luther und Melanchthon über

---

6 Helmar JUNGHANS: Drei unbekannte Briefe von Martin Luther und Philipp Melanchthon zur Ehesache der Anna Schulze in Eilenburg. LuJ 65 (1998), 85-100. [26].

7 Umfang, Ledereinband, Wasserzeichen, Papier, Herkunft und vormaliger Eigentümer des Bandes kamen zur Sprache, vgl. ebd, 85-90.

8 Vgl. ebd, 90-94.

9 Vgl. ebd, 95-100.

10 Junghans: Das Melanchthonjubiläum 1997 (wie Anm. 1) 1, 141.

das Verhältnis von Heiliger Schrift und Tradition ›zeitlebens einig geblieben‹«[11] seien. Auch der Einsatz für die Rhetorik und ihre meisterhafte Beherrschung waren in Junghans' Augen keineswegs ein Alleinstellungsmerkmal Melanchthons. So bemerkte er in seinem Literaturbericht in inhaltlicher Rezension eines Beitrags: »Melanchthons ganzes System lief darauf hinaus, Gott als eine Art allmächtigen Redner zu sehen«, und er kommentierte: »Das ist bemerkenswert, weil sich das auch bei dem durch die humanistische Rhetorik sensibilisierten Luther schon seit seiner Erfurter Zeit findet.«[12] Für Junghans stand fest, dass die Beschäftigung mit Luther und Melanchthon zu isoliert stattfinde, »so daß ihr Zusammenwirken zu wenig deutlich wird«.[13] In diesem Versäumnis nämlich sah er den Nährboden für verhängnisvolle, bis in Gemeinde und Schule hineingetragene Fehlinterpretationen wie sie sich zum Beispiel in dem Versuch spiegeln, den Abendmahlsartikel der Confessio Augustana variata von der Realpräsenzlehre Luthers abzugrenzen und als Zugehen auf die Schweizer Theologie zu werten. In solchen Fällen sparte Junghans nicht mit Kritik:

> »Wenn ein so hochbegabter und aufmerksamer Philologe und Theologe wie Melanchthon in einer seit über zehn Jahren umstrittenen Frage eine Wendung wählt, die im vorliegenden Text zutreffend mit ›wahrhaftig dargereicht werden‹ übersetzt ist, sollte man nicht auf zwinglianische Weise die Bedeutung der ›Gegenwart Christi während der ganzen Feier‹ daraus machen. Dann wird man auch verstehen, warum Luther keinen Anstoß nahm; denn Melanchthon wandte sich damit nicht gegen Luther, sondern gegen die Transsubstantiationslehre, indem er die Gegenwart von Leib und Blut dinglich mit dem Austeilen der Elemente verknüpfte, ohne damit selbstredend die Gegenwart Christi während der ganzen Feier in Frage zu stellen«.[14]

Junghans' Forderung, Melanchthon und auch Luther stärker von der Gesamtheit der Wittenberger Theologie her zu verstehen,[15] ist bis heute von Relevanz.

III Korrektur und Klischeezerstörung

Eigentlich geht es jedem quellennah arbeitenden Wissenschaftler um das Überprüfen und die Korrektur überkommener Forschungsmeinungen. Helmar Junghans hat dies in exemplarischer Weise an der Frage der Rezeption der Loci Melanchthons durchgeführt. In seiner Studie über »Melanchthons Loci theologici und ihre Rezeption in deutschen Universitäten und Schulen« konnte er eine bemerkenswerte Langzeitwirkung der Loci nachzeichnen, die – über die Schüler Melanchthons wie Martin Chemnitz und schließlich gefördert durch Leonhard Hutters Compendium locorum

11 Junghans: Das Melanchthonjubiläum 1997 (wie Anm. 1) 1, 158.
12 Junghans: Das Melanchthonjubiläum 1997 (wie Anm. 1) 2, 201.
13 Junghans: Das Melanchthonjubiläum 1997 (wie Anm. 1) 2, 213.
14 So die Kritik an einer Arbeitshilfe für Gemeinde und Schule. Junghans: Das Melanchthonjubiläum 1997 (wie Anm. 1) 2, 212 f.
15 Vgl. Junghans: Das Melanchthonjubiläum 1997 (wie Anm. 1) 2, 214.

theologicorum – sozusagen unter dem Etikett des Luthertums verlaufen konnte, aber auch in den Zusammenhängen der Aufklärungstheologie nicht verblasste.[16] Mit dieser Darstellung des ungebrochenen Einflusses der Theologie Melanchthons und ihrer nicht abreißenden Interaktion mit lutherischen Lehrentwicklungen wirkte Junghans dem weit verbreiteten Klischee entgegen, das Reformiertentum sei der eigentliche Erbe der Loci und ihres theologischen Gehalts. Auch hierin zeigt sich aufs Neue Junghans' Bemühen um Kontextualisierung Melanchthons im Wirkungsraum der Wittenberger Theologie insgesamt.

Mit einem gewissen Genuss berichtete er außerdem gern über vergleichbare Korrekturen und Akzentverschiebungen in der von anderen betriebenen Melanchthonforschung. So ließ er es sich nicht nehmen, im Anschluss an die minutiösen Recherchen von Theodor Mahlmann zu berichten, dass die »früheste Bezeichnung Melanchthons als Praeceptor Germaniae« erst aus dem Jahre 1569 stamme, und schärfte ein:

> »Bis zu einem quellenbelegten Nachweis sollte die verbreitete Behauptung, Melanchthon sei schon zu seiner Lebenszeit Praeceptor Germaniae genannt worden, nun unwiederholt bleiben«.[17]

Auch sei es eine Legende, dass Leonhard Hutter ein Melanchthonbild öffentlich von der Wand gerissen und zertrampelt habe[18], wenn es auch 1602 tatsächlich aus dem Hörsaal entfernt worden sei – anders als das Bildnis Luthers[19] – aber jedenfalls nicht auf diese Weise.

Auch mit dem Klischee des furchtsamen und konfliktscheuen Melanchthon versuchte Junghans – seine enorme Quellenkenntnis ins Feld führend – aufzuräumen. In Melanchthon begegne nicht nur der Sanfte und Diplomatische, sondern auch derjenige, der die Bestrafung der aufständischen Bauern und der Täufer ausdrücklich billigte,[20] sowie der Polemiker, der z. B. auf dem Wormser Kolloquium von 1557 auch schon einmal »ausrastete«, so Junghans, eine Wendung von Heinz Scheible aufnehmend.[21]

Darüber hinaus war ihm ein Dorn im Auge, wenn man Melanchthon in undifferenzierter Weise eine Rückkehr zur Scholastik zur Last legte. Für Junghans blieb Melanchthon ein durch und durch evangelisch geprägter Reformator, der sich zwar der ihm zu Gebote stehenden Methodiken in großer Freiheit bediente, sie aber im

16 Helmar JUNGHANS: Philipp Melanchthons Loci theologici und ihre Rezeption in deutschen Universitäten und Schulen. In: Werk und Rezeption Philipp Melanchthons in Universität und Schule bis ins 18. Jahrhundert/ hrsg. von Günther Wartenberg (HCh Sonderbd.; 2). Leipzig 1999, 9-30. [135].

17 Junghans: Das Melanchthonjubiläum 1997 (wie Anm. 1) 2, 183.

18 Auch dies hatte Mahlmann überprüft. Vgl. ebd, 183.

19 Vgl. ebd.

20 Vgl. Junghans: Das Melanchthonjubiläum 1997 (wie Anm. 1) 1, 132.

21 Vgl. Junghans: Das Melanchthonjubiläum 1997 (wie Anm. 1) 1, 149.

Sinne der Reformation einsetzte: »Während Theologen sich oft schwer tun«, so führte er rezensierend aus,

> »sich mit Melanchthons ›paganen‹ Wissenschaften einschließlich seiner Aristotelesrezeption zu beschäftigen und sich vor allem fragen, ob er nicht zu sehr zur Scholastik zurückgekehrt sei oder dabei Anliegen reformatorischer Theologie ›verraten‹ habe, ergibt der Blick von der Geschichte dieser Lehrbücher her, daß Melanchthon zwar an die Tradition angeknüpft, aber mit ihr als Wittenberger Reformator äußerst eklektisch umgegangen ist, also durchaus *evangelische* Lehrbücher herausgebracht hat«.[22]

Hellsichtig analysierte Junghans darüber hinaus, wie jede historische Analyse, auch die Interpretation Melanchthons, letzten Endes von den Vorverständnissen und Zielen der eigenen Zeit beeinflusst, also teleologisch angelegt ist. So fiel für Junghans die bis heute oft wiederholte Meinung, dass Melanchthon der große Ökumeniker gewesen sei, unter die korrekturbedürftigen Klischees:

> »Melanchthon wird wegen seines Verhaltens in den Religionsgesprächen als ›ein Vater der ökumenischen Bewegung‹ vorgestellt. [...] Das Interesse an dieser Haltung ist im ökumenischen Zeitalter naheliegend und gilt als vorbildhaft. Die Untersuchung über seine große Verhandlungsbereitschaft sollte aber nicht übergehen, daß er gleichzeitig weder Substanz der reformatorischen Theologie preisgab noch auf Kritik an Theologie und Frömmigkeitspraxis anderer Konfessionen verzichtete.«[23]

Trotz aller Bemühungen um Verständigung sei Melanchthon bis an sein Lebensende ein Kritiker der römischen Kirche geblieben, der vor »›sophistischen‹ Einigungsversuchen« deutlich gewarnt habe.[24] Dies wiederholte Junghans auch in Kontrast zu Bestrebungen, die die Gemeinsame Erklärung zur Rechtfertigungslehre in die Tradition Melanchthons einzuordnen versuchten,[25] und bezog damit selbst unmissverständlich Position.

---

22 Junghans: Das Melanchthonjubiläum 1997 (wie Anm. 1) 1, 130. Die Hervorhebungen im Zitat durch Junghans selbst.

23 Junghans: Das Melanchthonjubiläum 1997 (wie Anm. 1) 1, 125.

24 So z. B. in einer Rede vom 22. Februar 1541 in Wittenberg, vgl. Junghans: Das Melanchthonjubiläum 1997 (wie Anm. 1) 2, 199; vgl. außerdem ebd, 197.

25 »Bei einer solchen Betrachtung [scil. die die Gemeinsame Erklärung zur Rechtfertigungslehre in der Tradition Melanchthons sieht] sollte aber nicht verschwiegen werden, daß für Melanchthon mit der evangelischen Rechtfertigungslehre stets die klare Ablehnung von Ablaß, Fegefeuer, Privatmesse und Heiligenverehrung verbunden war. Eine Rechtfertigungslehre, die spätmittelalterliche Frömmigkeit auf diesen Gebieten weiter bestehen ließ, war ihm nicht vorstellbar. Als Melanchthon im Zusammenhang mit der Vorbereitung einer Kölner Reformation das Rheinland bereiste, schockierte ihn die dortige Heiligenverehrung. Mancher evangelische Christ aus Ostdeutschland, der nach dem Fall der Mauer Italien oder Spanien bereisen kann, erlebt heute Vergleichbares.« Junghans: Das Melanchthonjubiläum 1997 (wie Anm. 1) 2, 200.

IV Territorialkirchengeschichte und Landeshistorie

Eine unbezweifelbare Stärke der Forschungen Helmar Junghans', die auch bei seinem Blick auf Melanchthon immer wieder zum Tragen kommt, ist die Fähigkeit zur landeshistorischen Kontextualisierung. In seinem Beitrag »Philipp Melanchthon als theologischer Sekretär« arbeitete er nicht nur die Einbindung Melanchthons in die Wittenberger Reformatorengruppe heraus, sondern auch seine Beteiligung an der Religionspolitik Kursachsens.[26] Sowohl an der Entstehungsgeschichte des »Unterrichts der Visitatoren« als auch derjenigen der Confessio Augustana zeigte Junghans überzeugend Melanchthons feinfühlige Einpassung der reformatorisch-theologischen Aussagen in die landeshistorisch-politischen Erfordernisse.

Auf der gleichen Ebene liegt es, wenn Junghans sich unablässig gegen allzu plakative Bewertungen wandte, die Moritz von Sachen in Aufnahme zeitgenössischer Polemik immer noch als skrupellosen Judas von Meißen darstellten und dessen diplomatische, kirchenpolitische Entscheidungen übergingen. Denn sie waren es, so betonte Junghans in seinem Literaturbericht, die Melanchthon zur Rückkehr nach Wittenberg bewegten,[27] nicht etwa eine unkritische Obrigkeitstreue.

Die Freude an territorialkirchengeschichtlichen Einzel- und Besonderheiten sowie sein Bemühen um größtmögliche Genauigkeit bewegten Junghans auch dazu, den von ihm hochgeschätzten Bearbeiter von Melanchthons Briefwechsel darauf hinzuweisen, dass er für sein Itinerarium Melanchthons leider »die LuJ 56 [1989], 69-123 veröffentlichten »Eintragungen in kursächsischen Rechnungsbüchern zu Wittenberger Reformatoren und Georg Spalatin von 1519 bis 1553« nicht ausgewertet [habe], woraus er zwar nicht viele, aber doch einige Angaben hätte entnehmen können«.[28] Helmar Junghans war eben auch stets der Sachse, der Kursachse, der Leipziger,[29] der Reformationshistoriker, der den Einfluss des »mitteldeutschen Humanismus« auf die Theologie Melanchthons hochhielt,[30] und insofern ein Kämpfer für die territorialkirchliche Identität.

V Kritik und Humor

Helmar Junghans war ein Meister der verhaltenen, aber pointierten Kritik. Immer wieder legte er den Finger in die Wunde, wenn das Zusammenwirken Luthers und Melanchthons auf dem Gebiet von Bildung und Erziehung vernachlässigt wurde oder

26 Helmar JUNGHANS: Philipp Melanchthon als theologischer Sekretär. In: Der Theologe Melanchthon/ hrsg. von Günter Frank (Melanchthon-Schriften der Stadt Bretten; 5). Stuttgart 2000, 129-152. [133].

27 Vgl. Junghans' Kritik in: Das Melanchthonjubiläum 1997 (wie Anm. 1) 2, 191.

28 Junghans: Das Melanchthonjubiläum 1997 (wie Anm. 1) 1, 105.

29 Vgl. z. B. LuJ 67 (2000), 131.

30 Vgl. Junghans: Das Melanchthonjubiläum 1997 (wie Anm. 1) 1, 142.

Helmar Junghans beim Vortrag vor der Arbeitsgemeinschaft für Sächsische Kirchengeschichte im Jahre 2007

auch wenn die neuere Humanismusforschung bei der Analyse von Schriften Melanchthons keine Beachtung fand.[31] Er prangerte es an, wenn mangels Quellen einfach Vermutungen angestellt wurden, so dass unbelegbare Aussagen die unverdiente Chance erhielten, als Wahrheiten etabliert und rekapituliert zu werden.[32] Und es gelang ihm, mit spitzer Feder auf Versäumnisse in der Melanchthonforschung aufmerksam zu machen. So bemerkte er im Blick auf den Katalog zu der in der Lutherhalle 1997 gezeigten Ausstellung »Melanchthons Astrologie: der Weg der Sternenwissenschaft zur Zeit von Humanismus und Reformation«: »Schade, daß bei einigen Artikeln Luther keine Glossen anbringen konnte. Es bleibt auch die Frage, ob die Gedächtnisstätte eines herausragenden Wissenschaftlers ein Forum für jede Meinungsäußerung bieten soll oder nicht vielmehr ihren Besuchern ein methodisch nachvollziehbares Niveau schuldig ist. Luther hat es sich jedenfalls überlegt, ob eine Meinungsäußerung beachtenswert war oder nicht«.[33] Die Autoren bzw. Herausgeber des Katalogs hatten dies offensichtlich nicht für notwendig gehalten.

Hin und wieder gab sich Junghans selbst als ein in der Wolle gefärbter Melanchthonianer zu erkennen, wenn er zwar zwischen den Zeilen, aber kompromisslos für die Angemessenheit des sprachlichen Ausdrucks eintrat und Verstöße dagegen durch gezieltes Zitat bloßstellte. So referierte er zum Beispiel den Berichtsband über die Tagung »Luther und Melanchthon im Bildungsdenken Mittel- und Osteuropas«, indem er den Beiträgen von evangelischen Religionspädagogen den

31 Vgl. Junghans: Das Melanchthonjubiläum 1997 (wie Anm. 1) 1, 139.

32 Vgl. z. B. die Vermutungen zu einem Wittenberger Rechentisch und dessen Verwendung, auf die Junghans in: Das Melanchthonjubiläum 1997 (wie Anm. 1) 1, 114, Anm. 24, zu sprechen kommt.

33 Junghans: Das Melanchthonjubiläum 1997 (wie Anm. 1) 1, 129.

Umgang »mit einer dem Denken Luthers und Melanchthons adäquaten Sprache« attestierte, zugleich aber im Blick auf Vertreter anderer Fachrichtungen darauf hinwies, dass der machtlose Leser »auch in Anspruch genommen wird, zu den Leistungen Luthers zu zählen, daß dieser als ›Reformator der religiösen Ideologie, [...] die Ingangsetzung des Umwandlungsprozesses der konkret-abstrakten Religion in eine abstrakte Religion‹ bewirkt hat«.[34] Dies erforderte keinen weiteren, wertenden Kommentar.

Im Grunde können wir das humorvolle Augenzwinkern von Helmar Junghans sehen, wenn er zu Heinz Scheibles Melanchthon-Biographie bedauernd anmerkte, dass es angesichts des Verzichts auf Fußnoten schwer falle, einige in Übersetzung gebotene und bis heute gültige Aussagen Melanchthons quellenmäßig dingfest zu machen, wie zum Beispiel – so Junghans wörtlich – das

> »Urteil Melanchthons ..., das angesichts einiger Darstellungen zur Reformationsgeschichte auch heute noch beachtenswert ist ...: ›Mit neu erfundenen Worten werden wunderbare Geheimnisse versprochen, in Wirklichkeit reiner Unsinn verbreitet‹«.[35]

VI Gegenwartsrelevanz

Helmar Junghans verband seinen Einsatz in Forschung und Lehre stets mit der Frage danach, was dies für die Gegenwart von Theologie und Kirche bedeutet. Diesen Gedanken finden wir auch in seiner Melanchthonforschung. So veranlasste ihn seine Analyse der Loci-Methode und der Rezeption der Loci theologici zu der Frage an die Systematiker:

> »Welche Rolle spielt heute die Heilige Schrift in der systematischen Theologie? Gehört es nicht zu den Aufgaben einer evangelischen Theologie, Studenten vor allem zu Theologie-Treiben anhand der Heiligen Schrift zu befähigen? [...] Theologie und Kirche aber können sich fragen, ob sie wie Melanchthon mehr zum rechten Verstehen der Heiligen Schrift helfen und in den Umgang mit ihr einüben oder vielmehr ihre Lehren vermitteln wollen«.[36]

Die Betonung des Theologie-*Treibens*, das nicht nur als Ergänzung, sondern als Ziel neben das Vermitteln von Lehrinhalten zu treten habe, stellte er auch als gemeinsames Theologieverständnis von Melanchthon und Luther heraus. Es schien ihm wert, dies als relevant für die Gegenwart des Theologiestudiums festzuhalten, nämlich dass Vermittlung von wissenschaftlicher Methodik und die entsprechende Erschließung von Inhalten stets auf die Anwendung in der Praxis zu zielen habe. Deshalb konnte er sich die Einschätzung Melanchthons durch Luther zu eigen machen, der in seinem Kollegen einen Mitreformator sah und ein Werkzeug Gottes erkannte, der seine na-

34 Junghans: Das Melanchthonjubiläum 1997 (wie Anm. 1) 1, 138.
35 Junghans: Das Melanchthonjubiläum 1997 (wie Anm. 1) 1, 108.
36 Junghans: Melanchthons Loci theologici ... (wie Anm. 16), 30.

türlichen und geistlichen Gaben zur Erbauung der Gemeinde einsetzte. »Höheres«, so Junghans, »kann von einem Christen nicht ausgesagt werden.«[37]

In solchen Kommentaren erahnen wir, nach welchen Kriterien Junghans christliches Leben beurteilte und wohl auch sein eigenes ausrichtete. Was Melanchthon in dieser Hinsicht nicht nur für die Erbauung der Gemeinde, sondern der gesamten europäischen Gesellschaft bewirkt hatte, erfüllte ihn mit großer Bewunderung. Jedenfalls lässt sich dies aus folgendem Zitat erschließen, das die Melanchthonforschung im wahrsten Sinne des Wortes auf den Begriff zu bringen versuchte und mit dem der Blick auf Junghans, den Melanchthonforscher, enden soll:

> »Wer war nun dieser Magister Philippus Melanchthon aus Bretten? Er war ohne Zweifel hochbegabt, dienstwillig und vielseitig. Daher macht es auch Sinn, ihn nach der jeweiligen Betätigung zu bezeichnen, auch wenn manche Benennung einseitig oder anachronistisch ausfällt: Humanist, Bibelhumanist, Grammatiker und Übersetzer, Gräzist, Philosoph, Naturwissenschaftler, polyhistorisch ausgreifender Universalgelehrter, Biograph, Pädagoge, Praeceptor Germaniae, humanistischer Volkserzieher, Unterrichtsleiter, wissenschaftlicher Publizist, theologischer oder politischer Diplomat, humanistisch gebildeter Laienchrist, Reformator, Systematiker der Reformation, theologischer Ratgeber, gebildeter und verantwortlicher Diener seines Landesherrn, gelehrter Sprecher der Protestanten, Lehrer der Kirche oder wie auch immer«.[38]

---

37 Junghans: Melanchthon als theologischer Sekretär (wie Anm. 26), 149.

38 Junghans: Melanchthon als theologischer Sekretär (wie Anm. 26), 147 f. Junghans wies – Vollständigkeit in der Charakterisierung Melanchthons erstrebend – jede einzelne Bezeichnung sorgfältig in der wissenschaftlichen Literatur nach.

Helmar Junghans und die Territorialkirchengeschichte

Von Armin Kohnle

Der Territorialkirchenhistoriker Junghans ging aus dem Lutherforscher hervor. Seine Interessen auf diesem Feld waren geprägt durch seine sächsische Herkunft und seinen evangelischen Glauben.[1]

Diese beiden Thesen sollen im folgenden in der gebotenen Kürze begründet werden. Dabei kommt es nicht darauf an, sämtliche Veröffentlichungen von Junghans auf diesem Gebiet aufzuzählen; Ziel ist es vielmehr, das für ihn Typische herauszustellen. Gefragt werden soll, was ihn an der territorialen Kirchengeschichte interessierte (Themen), in welcher Weise er sie betrieb (Methode) und warum ihn dieses Feld anzog (Erkenntnisinteresse).

Unter den Arbeitsfeldern von Helmar Junghans nahm die territoriale Kirchengeschichte nicht den ersten Rang ein. Im Mittelpunkt seines wissenschaftlichen Oeuvres stand Martin Luther gleichsam als der Fixstern, um den die anderen Planeten kreisten, von dem sie sozusagen ihr Licht bezogen. Die von Luther ausgehende Wittenberger Reformation, Ockham und der Humanismus als prägende Kräfte, Philipp Melanchthon als der bedeutendste Kollege, Thomas Müntzer als wichtiger Gegenspieler, die Territorialkirchengeschichte als Schauplatz und erstes Wirkungsfeld der Wittenberger Reformation: Alle diese Felder nehmen im Werk von Junghans in etwa den gleichen Rang ein, fallen aber deutlich ab gegenüber dem Interesse an Martin Luther.

Eine Definition dessen, was Junghans unter Territorialkirchengeschichte verstand, ist nicht ganz einfach. Luther, Melanchthon und Müntzer sind Gestalten der thüringisch-sächsischen Geschichte und gehören in dieser Hinsicht auch zentral zur Kirchengeschichte Mitteldeutschlands. In diesem Sinne war alles, was Helmar Junghans in seinem Leben veröffentlicht hat, Territorialkirchengeschichte. So umfassend soll das Thema hier aber nicht behandelt werden. Pragmatisch wird territoriale Kirchengeschichte hier wie folgt definiert. Sie umfasst:

1 Die am 31. Oktober 2011 vorgetragene Textfassung wurde für den Druck überarbeitet und durch Belege ergänzt. Passagen der Vortragsfassung über den Müntzer-Forscher Junghans wurden gestrichen und in diesem Band durch den Beitrag von Siegfried Bräuer (unten S. 59-64) ersetzt.

I die Kirchengeschichte der mitteldeutschen Territorien vorwiegend des 16. Jahrhunderts;
II alles, was Stadt und Universität Wittenberg betrifft;
III alles, was Stadt und Universität Leipzig betrifft.

I

Ein spezifisch territorialkirchengeschichtliches Thema taucht in der Publikationsliste von Helmar Junghans zuerst im Jahr 1969 auf, als er für die Theologische Literaturzeitung eine kurze »Zeitschriftenschau Territorialkirchengeschichte« vorlegte.[2] Diese Zeitschriftenschau erschien fortan annähernd jährlich bis 1978.[3] Typisch für Junghans ist der bibliographische Zugang, der sich auch hier ausdrückt. Junghans hat Literatur nicht nur breit gelesen und besprochen, sondern gerne auch bibliographisch erfasst und präsentiert. Ein forschungsgeschichtliches Interesse, das er schon in seiner Dissertation über Ockham an den Tag gelegt hatte,[4] zog sich durch sein ganzes Leben. Dies gilt für alle seine Arbeitsfelder und eben auch für die territoriale Kirchengeschichte, die seit den frühen 1970er Jahren zunächst eher vereinzelt traktiert wurde. Erwähnt werden muss ein erster längerer Aufsatz über »Die geistliche Versorgung des Doms zu Meißen von der Reformation bis 1949« in dem von Franz Lau herausgegebenen Sammelband über das Hochstift Meißen aus dem Jahr 1973.[5]

Ende der 1980er Jahre wuchs sein Interesse an der Territorialkirchengeschichte Sachsens, wie ein zweiteiliger Aufsatz über »Eintragungen in kursächsischen Rechnungsbüchern zu Wittenberger Reformatoren und Georg Spalatin« belegt, den Junghans zusammen mit Rainer Hambrecht vorlegte.[6] Diese Arbeitsphase mün-

2 Helmar JUNGHANS: Zeitschriftenschau: Territorialkirchengeschichte. ThLZ 94 (1969), 711-720. 873-878. [235].

3 Helmar JUNGHANS: Zeitschriftenschau: Territorialkirchengeschichte. ThLZ 96 (1971), 632-638; 97 (1972), 795-798; 98 (1973), 638-640; ThLZ 99 (1974), 75 f; ThLZ 100 (1975), 239 f; ThLZ 101 (1976), 157-160. 557-560. 636-640. 720; ThLZ 103 (1978), 157-160. 619-622. 702. 921-924. [238; 242; 245; 248; 252; 255; 259].

4 Helmar JUNGHANS: Ockham im Lichte der neueren Forschung: dargestellt an Hand der Arbeiten des Franziskaners Philotheus Böhner und seiner Gesprächspartner. Leipzig 1964. 452 Bl. (maschinenschriftlich). – Leipzig, Univ., Theol. Fak., Diss., 1964 [118]; DERS.: Ockham im Lichte der neueren Forschung (Arbeiten zur Geschichte und Theologie des Luthertums; 21). Berlin 1968. 367 S. [119].

5 Helmar JUNGHANS: Die geistliche Versorgung des Doms zu Meißen von der Reformation bis 1949. In: Das Hochstift Meißen: Aufsätze zur sächsischen Kirchengeschichte/ hrsg. [unter Mitarb. von Helmar Junghans] von Franz Lau (HCh; Sonderbd.; [1]). Berlin 1973, 323-345. [175].

6 EINTRAGUNGEN IN KURSÄCHSISCHEN RECHNUNGSBÜCHERN ZU WITTENBERGER REFORMATOREN UND GEORG SPALATIN VON 1519 BIS 1553/ hrsg. von Rainer Hambrecht; komm. von Helmar Junghans. Teil 1. LuJ 55 (1988), 102-117; Teil 2. LuJ 56 (1989), 68-129. [19].

dete 1989 in den Jubiläumsband »Das Jahrhundert der Reformation in Sachsen«, der zum 450. Geburtstag der Evangelisch-Lutherischen Landeskirche Sachsens erschien.[7] Dieses Werk, das als die größte Leistung von Junghans auf dem Gebiet der mitteldeutschen Territorialkirchengeschichte gelten darf, muss etwas genauer betrachtet werden. Junghans gab den Band im Auftrag der Arbeitsgemeinschaft für sächsische Kirchengeschichte heraus, deren Vorsitzender er für einige Jahre war. Jubiläen spielten für ihn immer wieder eine Rolle, so auch hier. Der Sammelband erschien 2005 in 2., umgearbeiteter und erweiterter Auflage und wurde durch die Landeszentrale für politische Bildung übernommen, was dem Werk große Verbreitung sicherte.[8] Dem Herausgeber Junghans ist mit diesem Band ein großer Wurf gelungen, ein Handbuch der sächsischen Reformationsgeschichte, an dem sich die maßgeblichen Territorialkirchenhistoriker der damaligen Generation beteiligten. Junghans selbst behandelte ausführlich die Ausbreitung der Reformation im albertinischen Sachsen zwischen 1517 und 1539.[9] Ganz auf den Anlass zugeschnitten war die Entscheidung, das Handbuch auf die Grenzen der heutigen Sächsischen Landeskirche zu beschränken, also nicht alle im 16. Jahrhundert sächsischen Gebiete einzubeziehen. Typisch für Junghans ist weiterhin, die Beiträge im Präsens abfassen zu lassen, eine Methode, die bei ihm immer wieder zu beobachten ist, wenn ein breiteres Publikum angesprochen werden soll.

Nach dem Ende der DDR und nach seiner Berufung zum Ordentlichen Mitglied der Sächsischen Akademie der Wissenschaften zu Leipzig im Jahr 1995 intensivierte Junghans seine territorialkirchengeschichtlichen Bemühungen und weitete sie auf neue Felder aus. Das Akademieprojekt »Politische Korrespondenz des Herzogs und Kurfürsten Moritz von Sachsen« begleitete er in der Endphase[10] und brachte das Nachfolgeprojekt »Akten und Briefe zur Kirchenpolitik Herzog Georgs von Sachsen« maßgeblich mit auf den Weg.[11] An seiner Publikationsliste ist deutlich abzulesen, wie diese Editionsprojekte das Interesse an den Wettinern

7 DAS JAHRHUNDERT DER REFORMATION IN SACHSEN: Festgabe zum 450jährigen Bestehen der Evangelisch-Lutherischen Landeskirche Sachsens/ im Auftr. der Arbeitsgemeinschaft für Sächsische Kirchengeschichte hrsg. von Helmar Junghans. Berlin 1989. 261 S. [021].

8 DAS JAHRHUNDERT DER REFORMATION IN SACHSEN. 2., durchges. und verm. Aufl./ im Auftr. der Arbeitsgemeinschaft für Sächsische Kirchengeschichte anlässlich ihres 125-jährigen Bestehens hrsg. von Helmar Junghans. Leipzig 2005. 288 S., 4 Kt., 35 Taf. [021.2].

9 Ebd, 37-68.

10 Vgl. das Vorwort. In: POLITISCHE KORRESPONDENZ DES HERZOGS UND KURFÜRSTEN MORITZ VON SACHSEN. Bd. 6: 2. Mai 1552 - 11. Juli 1553; mit ergänzenden Dokumenten zum Tod des Kurfürsten/ bearb. von Johannes Herrmann; Günther Wartenberg; Christian Winter. Berlin 2006, VII-XI. [191].

11 Band 3 erschien wenige Wochen nach dem Tod von Helmar Junghans; vgl. AKTEN UND BRIEFE ZUR KIRCHENPOLITIK HERZOG GEORGS VON SACHSEN. Dritter Band/ hrsg. von Heiko Jadatz; Christian Winter. Köln; Weimar; Wien 2010; darin das Vorwort von Helmar Junghans, 7-10. [334].

und ihrer Kirchenpolitik wachsen ließ. In diesem Zusammenhang ist ein Aufsatz zu »Moritzrezeption und Moritzeditionen« von 2007 zu nennen[12] und ein im selben Jahr herausgegebener Sammelband »Die sächsischen Kurfürsten während des Religionsfriedens von 1555 bis 1618«.[13] Herzog Georg und Kurfürst Johann von Sachsen waren schon 1984 und 1988 in TRE-Artikeln behandelt worden.[14] Im Anschluss an die Georg-Edition sollte 2010 ein Kolloquium zur »Reformation in der römischen Kirche« stattfinden, das Junghans aber nicht mehr erlebte. Es wurde im Frühjahr 2011 in seinem Sinne in der Verantwortung des Lehrstuhls für Spätmittelalter, Reformation und territoriale Kirchengeschichte der Theologischen Fakultät Leipzig durchgeführt.

Mit den genannten späten Arbeiten erschloss sich Junghans nicht nur die Territorialkirchengeschichte Sachsens in der 2. Hälfte des 16. Jahrhunderts, sondern ein Stück weit – über Herzog Georg nämlich – auch die altgläubige Position. Außerdem entdeckte er die politische Dimension der Reformationsgeschichte, die in seinen früheren Arbeiten weniger deutlich zum Ausdruck kam. Dieses Bewusstsein für die Bedeutung des Territorialfürstentums im reformatorischen Prozess ist ein besonderes Kennzeichen des älteren Junghans. Zugleich zeigte sich in diesen Projekten sein Interesse an Quelleneditionen, das auf anderen Arbeitsfeldern aber ebenso deutlich wird.

II

Das Thema Wittenberg taucht erstmals im Jahr 1978 auf, als Junghans einen Aufsatz über »Wittenberg und Luther – Luther und Wittenberg« veröffentlichte.[15] Der naheliegende Zusammenhang zwischen Lutherforschung und Beschäftigung mit Luthers Wirkungsstätte Wittenberg wird hier ganz deutlich. 1979 erschien sein

---

12 Helmar JUNGHANS: Moritzrezeption und Moritzeditionen. In: Moritz von Sachsen Ein Fürst der Reformationszeit zwischen Territorium und Reich: internationales wissenschaftliches Kolloquium vom 26. bis 28. Juni 2003 in Freiberg (Sachsen)/ hrsg. von Karlheinz Blaschke. Leipzig; Stuttgart 2007, 298-312. [182].

13 DIE SÄCHSISCHEN KURFÜRSTEN WÄHREND DES RELIGIONSFRIEDENS VON 1555 BIS 1618: Symposion anläßlich des Abschlusses der Edition »Politische Korrespondenz des Herzogs und Kurfürsten Moritz von Sachsen« vom 15. bis 18. September 2005 in Leipzig, veranstaltet von der Sächsischen Akademie der Wissenschaften zu Leipzig und dem Theologischen Arbeitskreis für Reformationsgeschichtliche Forschung Berlin/ hrsg. von Helmar Junghans (Quellen und Forschungen zur sächsischen Geschichte; 31). Leipzig: Verlag der Sächsischen Akademie der Wissenschaften zu Leipzig; in Kommission Stuttgart 2007. 364 S.: Ill. [046]. Darin von Helmar JUNGHANS: Die kursächsische Kirchen- und Schulordnung von 1580. Instrument der »lutherischen« Konfessionalisierung?, 209-238. [192].

14 Helmar JUNGHANS: Georg von Sachsen (1471-1539). TRE 12 (1984), 385-389 [138]; DERS.: Johann von Sachsen. TRE 17 (1988), 103-106. [176].

15 Helmar JUNGHANS: Wittenberg und Luther – Luther und Wittenberg. Freiburger Zeitschrift für Philosophie und Theologie 25 (1978), 104-119. [59].

Bild oben: am Grab von Franz Lau in Göhren anlässlich seines 100. Geburtstages 2007
Bild unten: unter Kollegen in Dresden während der Tagung des Arbeitskreises deutsche Landeskirchengeschichte 2005

Hauptwerk auf diesem Feld: Wittenberg als Lutherstadt.[16] Dieses Buch, zugleich in der DDR und in der Bundesrepublik verlegt, gehört zu den erfolgreichsten Publikationen von Helmar Junghans. 1982 erschien es in 2. Auflage und 1996 in umgearbeiteter Form unter dem Titel: »Martin Luther und Wittenberg«.[17] Wieder wendet sich Junghans im Präsens an ein breiteres Publikum. Das Bemühen um Breitenwirkung kommt nicht zuletzt in der aufwendigen Bebilderung und dem vergleichsweise schmal gehaltenen Anmerkungsteil zum Ausdruck. Natürlich steht Wittenberg als Quellort der Reformation im Mittelpunkt, als Wirkungsstätte Luthers und Melanchthons. Doch zeigt Junghans auch ein genuines Interesse an der Wittenberger Stadtgeschichte, an Kunst und Architektur der Reformationszeit. In der Neufassung enthält der Band zudem einen Abschnitt über Wittenberg als Erinnerungsort der lutherischen Reformation.[18] Junghans begab sich damit auf das heute so in Mode stehende Feld der Rezeptionsforschung und Erinnerungskultur. Kleinere Beiträge, so 1995 zum 700. Stadtjubiläum Wittenbergs,[19] und Artikel in verschiedenen Lexika[20] begleiteten diese Studien zur Lutherstadt.

Anlässlich des Jubiläums der Leucorea 2002 wandte sich Junghans in mehreren Arbeiten auch der Wittenberger Universitätsgeschichte zu. Zu nennen sind hier die Studie zu Martin Luthers Einfluss auf die Wittenberger Universitätsreform in dem von Irene Dingel und Günther Wartenberg herausgegebenen Sammelband zur Wittenberger Theologischen Fakultät[21] sowie den 2005 erschienenen Aufsatz zur Geschichte der Leucorea zwischen 1536 und 1574, den Junghans für den Georg

16 Helmar JUNGHANS: Wittenberg als Lutherstadt. Berlin; Göttingen 1979. 224 S.: Ill., Kt.; 2., verb. Aufl. Berlin 1982. 224 S.: Ill., Kt. [60].

17 Helmar JUNGHANS: Martin Luther und Wittenberg. München; Berlin 1996. 224 S.: Ill., Ktn., Faks. [60.3].

18 Unter der Überschrift: »Die Pflege der reformatorischen Erinnerungen«, ebd, 156-199.

19 Helmar JUNGHANS: Kirche und Theologie in Wittenberg. In: 700 Jahre Wittenberg: Stadt, Universität, Reformation/ im Auftr. der Lutherstadt Wittenberg hrsg. von Stefan Oehmig. Weimar 1995, 37-52. [63].

20 Helmar JUNGHANS: Wittenberg. The Oxford Encyclopedia of the Reformation/ hrsg. von Hans. J. Hillerbrand. Bd. 4. New York; Oxford 1996, 282-284 [66]; DERS.: Wittenberg, University of. Ebd, 284-286 [67]; DERS.: Wittenberg. Lexikon für Theologie und Kirche 3. Aufl. 10 (2001), 1255-1257. [64]. Vgl. als weiteren Beitrag auf diesem Feld: DERS.: »Wittenberg die kleine Stadt, einen großen Namen itzund hat …«: Wittenberg als Umwelt für Luthers Alltag. In: Alltagsleben zur Zeit Martin Luthers: »Gott hat noch nicht genug Wittenbergisch Bier getrunken«/ hrsg. vom Evang. Predigerseminar Lutherstadt Wittenberg; Peter Freybe (Wittenberger Sonntagsvorlesungen). Wittenberg 2001, 9-30. [68].

21 Helmar JUNGHANS: Martin Luthers Einfluß auf die Wittenberger Universitätsreform. In: Die Theologische Fakultät Wittenberg 1502 bis 1602: Beiträge zur 500. Wiederkehr des Gründungsjahres der Leucorea/ hrsg. von Irene Dingel; Günther Wartenberg. Redaktion: Michael Beyer (Leucorea-Studien zur Geschichte der Reformation und der Lutherischen Orthodoxie; 5). Leipzig 2002, 55-70. [112].

Major gewidmeten Sammelband beisteuerte.[22] Im selben Band erschien ein mit hohem Rechercheaufwand erstelltes »Verzeichnis der Rektoren, Prorektoren, Dekane, Professoren und Schloßkirchenprediger der Leucorea: vom Sommersemester 1536 bis zum Wintersemester 1574/75«.[23] Dieser Beitrag belegt ein spezifisches prosopographisches Interesse, das Junghans zweifellos bei der Arbeit an der Leipziger Theologischen Fakultät entwickelt hatte.

IV

Das Forschungsfeld Stadt und Universität Leipzig lässt sich wiederum in drei thematische Untergruppen einteilen: Reformationsgeschichte der Stadt Leipzig, Kirchengeschichtsschreibung in Leipzig und Geschichte der Leipziger Theologischen Fakultät.

Die Reformationsgeschichte der Stadt Leipzig wurde selbstverständlich schon in den Arbeiten mitbehandelt, in denen es um die Reformation im albertinischen Sachsen generell ging. 1996 veröffentlichte Junghans zudem einen längeren Aufsatz über Luthers Beziehungen zu Leipzig bis 1546[24] und einen weiteren über Lutherrezeption in Leipzig nach 1546.[25] Die Tradition der Kirchengeschichtsschreibung und insbesondere der Reformationsgeschichte in Leipzig, die Geschichte der eigenen Profession und der eigenen Vorgänger wenn man so will, behandelte Junghans in mehreren Aufsätzen wie:

- Die Reformationsgeschichte bei Theodor Brieger (1987);[26]
- Die »Herbergen der Christenheit« während und nach der DDR (1993/94);[27]

22 Helmar JUNGHANS: Die Geschichte der Leucorea zwischen 1536 und 1574. In: Georg Major (1502-1574): ein Theologe der Wittenberger Reformation/ hrsg. von Irene Dingel; Günther Wartenberg; Redaktion: Michael Beyer (Leucorea-Studien zur Geschichte der Reformation und der Lutherischen Orthodoxie; 7). Leipzig 2005, 11-38. [113].

23 Ebd, 235-270.

24 Helmar JUNGHANS: Luthers Beziehungen zu Leipzig bis zu seinem Tode 1546. In: Luther und Leipzig: Beiträge und Katalog zur Ausstellung; Ausstellung vom 17. Februar bis 21. April 1996 im Alten Rathaus zu Leipzig anläßlich des 450. Todestages Martin Luthers/ hrsg. von Ekkehard Henschke; Klaus Sohl. Leipzig 1996, 7-24. [180].

25 Helmar JUNGHANS: Die Lutherrezeption in Leipzig nach 1546. In: Ebd, 51-70. 151-169. [185].

26 Helmar JUNGHANS: Die Reformationsgeschichte bei Theodor Brieger. In: Wissenschafts- und Universitätsgeschichte in Sachsen im 18. und 19. Jahrhundert: nationale und internationale Wechselwirkung und Ausstrahlung: Beiträge .../ hrsg. ... von Karl Czok (Abhandlungen der Sächsischen Akademie der Wissenschaften, Philologisch-historische Klasse; 71 III). Berlin 1987, 237-242. [196].

27 Helmar JUNGHANS: Die »Herbergen der Christenheit« während und nach der DDR. HCh 18 (1993/94), 7-15. [208].

- Kirchengeschichtsschreibung in Leipzig im Wandel der Theologie und Wissenschaftskultur (1995);[28]
- Theologie und Geschichtsschreibung: Erforschung der Reformationsgeschichte seit Theodor Brieger (1886) am Institut für Kirchengeschichte der Theologischen Fakultät Leipzig (1997/98).[29]

Über das eigene Fach Kirchengeschichte hinaus hat Junghans aber für die gesamte Leipziger Theologische Fakultät Interesse aufgebracht und hier sogar sein wichtigstes Werk zu Leipzig vorgelegt, das zusammen mit Markus Hein herausgegebene Lexikon der Leipziger Theologieprofessoren, das 2009 erschienen ist. Die Geschichte dieses Projekts, in dem die Leipziger Theologen prosopographisch erfasst werden sollten, reichte länger zurück. Schon 2005 präsentierte Junghans dieses Vorhaben in einem Aufsatz, wobei er damals noch den Plan verfolgte, den Lehrkörper der Theologischen Fakultät nur zwischen 1409 und 1991 aufzunehmen. Das gedruckte Werk reicht tatsächlich bis zum Jubiläumsjahr 2009.[30]

Die Gesamtbewertung der großen Lebensleistung von Helmar Junghans auf dem Feld der territorialen Kirchengeschichte kann ziemlich kurz ausfallen: Junghans kam von Luther her und hat sich von Luther ausgehend benachbarte Felder der territorialen Kirchengeschichte erschlossen, wobei ein biographischer Zusammenhang immer deutlich bleibt. Sein Interesse richtete sich auf die Reformationszeit, auf seine sächsische Heimat, auf Luthers Universität Wittenberg und die evangelische Theologie, schließlich auf seine eigene Universität Leipzig. Junghans las und edierte Quellen, er war im besten Sinne ein traditionell arbeitender Kirchenhistoriker. An Theoriegeplänkel fand er keinen Gefallen.

Auch auf dem Feld der territorialen Kirchengeschichte hinterlässt er eine große Lücke. Sein Fleiß, seine Bescheidenheit und seine Fröhlichkeit und Freundlichkeit im Glauben sind uns ein Ansporn, seine Forschungsfelder, darunter auch die Kirchengeschichte Mitteldeutschlands, weiter zu pflegen.

28 Helmar JUNGHANS: Kirchengeschichtsschreibung in Leipzig im Wandel der Theologie und Wissenschaftskultur. HCh 19 (1995), 9-25. [184].

29 Helmar JUNGHANS: Theologie und Geschichtsschreibung: Erforschung der Reformationsgeschichte seit Theodor Brieger (1886) am Institut für Kirchengeschichte der Theologischen Fakultät Leipzig. HCh 21/22 (1997/98), 101-118. [186].

30 DIE PROFESSOREN UND DOZENTEN DER THEOLOGISCHEN FAKULTÄT DER UNIVERSITÄT LEIPZIG VON 1409 BIS 2009/ hrsg. von Markus Hein; Helmar Junghans (Beiträge zur Leipziger Universitäts- und Wissenschaftsgeschichte; A 8). Leipzig 2009. 363 S. [049].

Helmar Junghans und die Müntzerforschung[1]

Von Siegfried Bräuer

In der Endphase der Arbeit für die kritische Edition des Müntzerbriefwechsels erwies es sich als notwendig, alle Druckvorlagen der Quellen noch einmal mit der handschriftlichen Überlieferung oder den Erstdrucken zu vergleichen. Die Korrekturen, die sich dabei ergaben, und eine Fülle von Rückfragen bei der Arbeit von Helmar Junghans an der anspruchsvollen Umbruchfassung des Briefkorpus machten einen regelmäßigen, oft täglichen E-Mail-Kontakt zwischen uns erforderlich. Am 14. Mai [2010] konnten wir uns noch über die letzten Korrekturen verständigen. Ein abschließendes Gespräch war für den 27. Mai in Leipzig vereinbart, da für den geplanten Druck bis September noch Einzelheiten zum formalen Teil des Bandes zwischen Herausgeber und Bearbeiter abgestimmt werden sollten. Am 16. Mai ist Helmar Junghans an Herzversagen gestorben.

Die Müntzerforschung gehörte ursprünglich nicht zu den Schwerpunkten seiner reformationsgeschichtlichen Arbeit. Als Assistent von Franz Lau (1907-1973) teilte er die relativ frühe Aufgeschlossenheit gegenüber dem marxistischen Müntzerverständnis, war aber auf Grund seines Lebensganges eher skeptischer.[2] Er wußte von meinen Quellenrecherchen zu Thomas Müntzer, seinem Umfeld und seinen frühen Kritikern seit Mitte der fünfziger Jahre. Persönlich traten wir uns aber erst in den sechziger Jahren näher durch regelmäßige Begegnungen im Südostkonvent der Leipziger Pfarrer. Die Beschäftigung mit Müntzer hielt er vor allem aus apologetischen Gründen für unumgänglich, weil die marxistische Publizistik und Pädagogik bis in die sechziger Jahre ein Müntzerbild propagierte, das von der antikirchlichen Tradition der Arbeiterbewegung geprägt war und weithin nicht den historischen Quellen entsprach. Er förderte deshalb bereits den Druck meiner ersten Forschungsergebnisse, die rezeptionsgeschichtliche Studie über Müntzers Feuerruf in Zwickau.[3] Dasselbe

1 Erstveröffentlichung: THOMAS-MÜNTZER-AUSGABE: kritische Gesamtausgabe/ im Auftrag der Sächsischen Akademie der Wissenschaften zu Leipzig hrsg. von Helmar Junghans†; Armin Kohnle. Bd. 2: Thomas Müntzer Briefwechsel. Bearb. und kommentiert von Siegfried Bräuer; Manfred Kobuch. Leipzig 2011, XXXIII-XXXVIII. [171].

2 Zum frühen Verhältnis der Kirchenhistoriker in der DDR zum marxistischen Reformationsverständnis vgl. Siegfried BRÄUER: Die Kirchenhistoriker in der DDR und die marxistischen Beiträge zur Reformationsgeschichte bis zum Jubiläum von 1967. Mitteilungen zur Kirchlichen Zeitgeschichte 4 (2010), 69-95.

3 Siegfried BRÄUER: Müntzers Feuerruf in Zwickau. HCh 8 (1971), 127-152. Zum Druck des bereits 1968 abgeschlossenen Manuskripts hat mich auch Kurt Nowak (1942-2001) ermutigt, der es redigiert hat.

gilt für die Miszelle über Müntzers Geburtsjahr, die zur gleichen Zeit entstand, aber zuerst erschien.[4] Das gemeinsame Interesse fand auch darin Ausdruck, daß wir um diese Zeit miteinander die neue Müntzerbiographie des amerikanischen lutherischen Kirchenhistorikers Eric Gritsch übersetzten, die Junghans danach kritisch rezensierte.[5]

Entsprechend der Auffassung seines Lehrers und Vorgängers als Herausgeber stellte er auch in den Folgejahren bereitwillig das Lutherjahrbuch für Beiträge zur Müntzerforschung zur Verfügung. Im Zuge unserer apologetischen Bemühungen, Müntzers primär theologische Intentionen dem damaligen marxistischen revolutionären Müntzerbild gegenüberzustellen, gewann Junghans den Schüler des Hallenser Systematikers Erdmann Schott (1900-1983), Michael Müller, eine überarbeitete Zusammenfassung seiner ungedruckten Dissertation über Auserwählte und Gottlose in der Theologie Müntzers für das Lutherjahrbuch zu erarbeiten.[6] Sie wurde ergänzt durch einen Vergleich mit Luther.[7] Durch eine gelegentliche Äußerung gegenüber Max Steinmetz bei einer Universitätsveranstaltung über meine Quellenrecherchen zu Müntzer gab er Ende 1969 den Anstoß für meine Arbeitskontakte zu dem führenden marxistischen Müntzerforscher, mit denen der informelle Austausch von Forschungen zur Reformationsgeschichte zwischen Theologen und marxistischen Historikern eingeleitet wurde.[8] Eine erste Frucht war die Beteiligung einiger Theologen an der wissenschaftlichen Konferenz »Der deutsche Bauernkrieg – seine Stellung in der deutschen und europäischen Geschichte. Probleme – Wirkungen – Verpflichtungen« an der Karl-Marx-Universität Leipzig vom 3. bis 7. Februar 1975. Junghans wies in seinem Referat darauf hin, daß Müntzer an Universitäten studiert hatte, die von der scholastischen Tradition der Realisten geprägt waren. Luthers Ausbildung dagegen entsprach der scholastischen Tradition der Konzeptualisten. Junghans plädierte deshalb dafür, das unterschiedliche Glaubensverständnis von Luther und Müntzer auch auf dem Hintergrund des traditionellen Gegensatzes von Platon und Aristoteles zu verstehen.[9] Damit wurde auch der seinerzeit häufigen

4 Siegfried Bräuer: Zu Müntzers Geburtsjahr. LuJ 36 (1969), 80-83.

5 Helmar Junghans: Rez. von Eric W. Gritsch: Reformer without a Church: The Life and Thought of Thomas Muentzer 1488(?)-1525. Philadelphia 1967. LuJ 36 (1969), 88-91.

6 Michael Müller: Auserwählte und Gottlose in der Theologie Thomas Müntzers. Halle, Univ., Fak. f. Theol., Diss., 1972.

7 Michael Müller: Die Gottlosen bei Thomas Müntzer mit einem Vergleich zu Martin Luther. LuJ 46 (1979), 97-119.

8 Vgl. Siegfried Bräuer: Informelle Kontakte zwischen marxistischen und nichtmarxistischen Reformationshistorikern: Die Frühphase zwischen 1969 und 1979. In: Reformation und Bauernkrieg: Erinnerungskultur und Geschichtspolitik im geteilten Deutschland/ hrsg. von Jan Scheunemann. Leipzig 2010, 115-129.

9 Helmar Junghans: Ursachen für das Glaubensverständnis Thomas Müntzers 1524. In: Der deutsche Bauernkrieg und Thomas Müntzer/ in Verbindung mit Siegfried Hoyer, Ernst Ullmann, Hans Wermes hrsg. von Max Steinmetz. Leipzig 1976, 143-149. [154].

Auffassung von Müntzer als abgefallenem Schüler Luthers widersprochen. Das bekannte theologiegeschichtliche Erklärungsmodell vom Wegestreit als Zugang zu den Unterschieden zwischen Luther und Müntzer fand bei den marxistischen Historikern mehr Aufmerksamkeit als bei den Kirchenhistorikern, denen es aus der Lutherforschung vertraut war.

Da abzusehen war, daß die Müntzerthematik auch unabhängig von Jubiläumsveranstaltungen für Kirche und Theologie in der DDR von Bedeutung bleiben würde, sorgte Junghans als Leitungsmitglied dafür, daß sie auch bei den Tagungen des Theologischen Arbeitskreises für Reformationsgeschichtliche Forschung berücksichtigt wurde. Er übermittelte mir die Einladung, bei der Eisenacher Arbeitstagung 1974 über »Wort Gottes in der Theologie Müntzers« zu referieren und mit den Teilnehmern über Müntzertexte zu arbeiten. Für mich wiederum war er ein wichtiger theologischer Partner, als ich im Nachgang zur Leipziger Konferenz vom 12. bis 15. Mai 1975 im Pastoralkolleg Krummenhennersdorf bei Freiberg ein Arbeitsgespräch von zehn Theologen mit Steinmetz und dem Hallenser Historiker Günter Mühlpfordt über Müntzer unter Ausschluß der Öffentlichkeit organisierte. Dem folgte vom 26. bis 28. Februar 1979 am gleichen Ort ein weiteres Arbeitsgespräch von zehn Kirchenhistorikern und acht Historikern über das damals besonders relevante Thema »Stadt und Reformation«, bei dem die Frage nach der Bedeutung von Müntzers Wirken eingeschlossen war. Da die Öffentlichkeit bei diesen intensiven Sachdiskussionen wiederum ausgeschlossen blieb, konnte das Arbeitsgespräch mit einem ersten informellen Austausch über interne Planungen für das Lutherjubiläum von 1983 abgeschlossen werden. Ein Zwischenbericht über das Projekt »Stadt und Reformation« am Sonderforschungsbereich der Tübinger Universität, den uns Hans-Christoph Rublack zugesagt hatte, konnte den Teilnehmern unseres Arbeitsgespräches erst nach der Abreise zugestellt werden. Weil die Tübinger jedoch eine Äußerung zu ihren Ergebnissen erwarteten, mußte ich zu einer nachträglichen Gesprächsrunde im Juli nach Leipzig einladen. Als neutralen Ort hierfür stellte Helmar Junghans seine Wohnung zur Verfügung.

Es war abzusehen, daß nach der Aufwertung Luthers durch das Jubiläum von 1983 der dabei nahezu an den Rand gerückte, für die DDR eigentliche revolutionäre Repräsentant der Reformation, Thomas Müntzer, bei seinem auf 1989 festgelegten Geburtsjubiläum besonders geehrt werden würde. Im Vorfeld des Lutherjubiläums waren mit Billigung der Leitungen in Staat und Kirche Expertengespräche über Sachthemen in paritätischer Zusammensetzung (je fünf Historiker und Theologen) vom 25. März 1981 an eingerichtet worden. Sie fanden in unregelmäßiger Folge statt. Junghans und ich waren daran beteiligt. Es war nicht leicht, sich nach dem Lutherjubiläum von den aufgegriffenen theologischen Grundsatzproblemen der Reformation zu lösen und sich auf eine spezielle Müntzerthematik zu konzentrieren, zumal die DDR-Öffentlichkeit nicht genügend auf das Verständnis Müntzers als Theologen vorbereitet war. Als von marxistischer Seite Thesen über Müntzer vorbereitet wurden und die theologischen Teilnehmer um eine Stellungnahme zu dem Entwurf aufgefordert wurden, kommentierte der Leiter der marxistischen Teilnehmer die Aufgabe beim 15. Gespräch am 10. Dezember 1987 mit den Worten: »Seit dem Luther-Jubiläum [gibt es] breite Verunsicherung. Der ›Verräter‹ Luther ist zu hoch gejubelt worden; deshalb muß jetzt beim Müntzer-Jubiläum ein Gegengewicht geschaffen werden«. Junghans und ich wurden um ein Votum zur 8. These über Müntzers Theologie beim nächsten Gespräch gebeten.[10] Diese Aufgabe war alles andere als einfach. Die 8. These spiegelte das Ringen der marxistischen Gesprächspartner wider, Müntzer ernsthaft primär als Theologen zu verstehen. Der Kernaussage: »Sein [sc. Müntzers] Denken kreiste stets um die Erkenntnis des Willens Gottes« war von unserer Seite aus nichts hinzuzufügen. Sie stand aber in Spannung zum Beginn der These: »Thomas Müntzers historische Leistung bestand darin, unter den Bedingungen des beginnenden Übergangs vom Feudalismus zum Kapitalismus eine Theologie der Revolution entwickelt zu haben.«[11] Vermutlich sind wir in den folgenden Expertengesprächen nicht mehr dazu gekommen, die Frage nach dem Theologen Müntzer gründlich genug zu erörtern. Es hat sich nur der Nachweis erhalten, daß ich im Gespräch am 29. Mai 1989 Thesen über Müntzer als Theologe der Revolution vorgetragen habe, die in der Aussage gipfelten: »Eine revolutionäre Tradition kann sich auf Müntzers Verhalten und auf seine Wirkungen berufen, auf seine Theologie nur, wenn man sie säkularisiert.«[12]

Die Vorbereitung auf das Müntzerjubiläum beschränkte sich für die Reformationshistoriker in der DDR nicht nur auf die internen Sachgespräche mit marxistischen Historikern. Vier Vertreter der Universitätstheologie wurden in das Thomas-Müntzer-Komitee berufen, das sich unter dem Vorsitz von Erich Honecker am 11. März 1988 konstituierte. Junghans gehörte zu ihnen. Da von den Sektionen Theologie der Universitäten ein Beitrag zum Jubiläum erwartet wurde, organisierte er am 15. und 16. November 1988 für die Sektionen der Theologie ein zentrales Kolloquium an der Leipziger Universität. Er suchte einen disziplinübergreifenden Zugang zu Müntzer zu erleichtern, indem er den verhältnismäßig jungen theologischen Begriff der Sozialethik als Leitlinie wählte. Er selbst übernahm das Thema »Sozialethisches Denken und Handeln bei Martin Luther«. Am Ende stellt er die Frage, was das Thomas-Müntzer-Gedenken den evangelischen Christen bringe. Seine Antwort hat klare Konturen: »Es ist geeignet, sie von der einseitigen Rezeption des antimüntzerischen Luther zu befreien und den Reichtum seiner Theologie für die Gegenwart neu zu entdecken:

10 Dialog über Luther und Müntzer/ hrsg. von Joachim Heise; Christa Stache. Berlin 2011, 207.

11 Thesen über Thomas Müntzer zum 500. Geburtstag: Thomas-Müntzer-Ehrung der DDR 1989/ hrsg. von einem Autorenkollektiv unter Leitung von Adolf Laube. Berlin 1988, 32.

12 Dialog über Luther und Müntzer (wie. Anm. 10), 229.

– einen Christenglauben, dem Taten folgen,
– eine Bibelauslegung, die auf Gottes Anrede hört,
– einen Gottesdienst, der Menschen erneuert,
– eine Frömmigkeit, die Weltverantwortung wahrnimmt,
– und eine Geschichtsschau, die auf Gottes Wirken achtet.«[13]

Diese plakativen Sätze entstammen den Texten zu einer Wanderausstellung, die Helmar Junghans im Auftrag der Arbeitsgruppe »Thomas-Müntzer-Gedenken« beim Bund der Evangelischen Kirchen in der DDR entworfen hat und in der die Frage »Wer war also Thomas Müntzer?« schließlich mit der ambivalenten Formulierung beantwortet wird: »Ein eifernder Diener Gottes«.[14] In ihr sollte beides anklingen, Müntzers Selbstverständnis wie seine Ungeduld, Dialogunfähigkeit und die bedenkliche Wahl der Mittel. Dieser Versuch, mit Hilfe einer Wanderausstellung Müntzers Bedeutung und Grenzen breiteren Kreisen nahe zu bringen, ist 1989 vielfach genutzt worden, auch über die Grenzen der DDR hinaus.

Nicht alle für das Jubiläumsjahr geplanten Projekte konnten verwirklicht werden. Bei einigen sind die Entstehungszusammenhänge noch genau in Erinnerung.[15] Das ist leider nicht der Fall bei der gewichtigsten Publikation, die wir gemeinsam mit dem damals noch alles andere als selbstverständlichen Titel »Der Theologe Thomas Müntzer« entworfen haben. Der Gedanke ist vermutlich schon bei einem unserer Gespräche in der Wohnung von Junghans entstanden. Wir waren uns über das Wagnis im Klaren. Müntzer war zwar ein wissenschaftlich gebildeter reformatorischer Theologe, der die traditionellen theologischen Koordinatensysteme kannte und nutzte, aber auch sehr eigene Akzente setzte. Bis heute ist es nicht ausgemacht, wie man sich seinem theologischen Anliegen am angemessensten nähern kann. So blieb uns zunächst nichts anderes übrig, als auf Müntzer die üblichen theologischen Raster anzuwenden und diese durch zusätzliche Fragestellungen zu ergänzen. Für die Anlage des Bandes konnten wir an die Erfahrungen mit dem Sammelwerk über Luther von 1526-1546 anknüpfen: Auf ein Resümee der bisherigen Forschung folgt eine Untersuchung zum jeweiligen theologischen Thema auf der Grundlage der Müntzerquellen durch ausgewiesene Sachkenner. Von den 15 Autoren waren je sieben in der DDR und in der Bundesrepublik beheimatet sowie einer in den

13 Helmar JUNGHANS: Sozialethisches Denken und Handeln bei Martin Luther. Standpunkt 17 (3/1989), 67-71, bes. 71. [160].

14 Helmar JUNGHANS: Der Wandel des Müntzerbildes in der DDR von 1951/52 bis 1989. Luther 60 (1989), 102-130, bes. 129 f. [156].

15 Der Gedanke, die Einführung der Reformation in Sachsen 1539 mit einer entsprechenden Publikation zu würdigen, wurde z. B. während des Zwinglijubiläums auf einer Fahrt zum Thuner See im Januar 1984 zwischen Junghans und mir erörtert; vgl. DAS JAHRHUNDERT DER REFORMATION IN SACHSEN/ im Auftrag der Arbeitsgemeinschaft für Sächsische Kirchengeschichte anläßlich ihres 125-jährigen Bestehens hrsg. von Helmar Junghans. 2., durchges. u. erw. Aufl. Leipzig 2005, 45. 47 (Junghans zu Müntzer). [021.2].

USA. Zum ersten Mal waren mit Siegfried Hoyer und Günter Vogler auch zwei marxistische Historiker beteiligt. Junghans selbst hatte sich das Thema »Thomas Müntzer als Wittenberger Bibeltheologe« gewählt. Er hatte sich in den vorangehenden Jahren zunehmend mit der bibelhumanistischen Bewegung beschäftigt, von der auch die Wittenberger Frühtheologie geprägt war. Nach seinen Beobachtungen begab sich auch Müntzer spätestens seit seinem Wittenberger Aufenthalt von 1517 »in diese Art Theologie zu treiben, mit seinem bisher Erworbenen hinein, ohne sich allein an Luther zu orientieren. Dabei empfing er zwar neue Einsichten, erfaßte aber nicht die damals noch nicht so leicht erkennbare Grundstruktur von Luthers Theologie«. Die persönlichen Beziehungen und geistigen Verbindungen trugen ihn lange mit, als er als Prädikant der Wittenberger in ganz anderen Situationen zu wirken hatte. »Seine persönlichen Erfahrungen, sein Sendungsbewußtsein und seine Vorliebe für die Apokalyptik ließen ihn andere Schwerpunkte setzen und andere Betrachtungsweisen vorziehen, so daß er zu der Wittenberger Theologie in Gegensatz geriet.«[16]

Die Arbeit an der Herausgabe des Bandes haben wir uns aufgeteilt. Während ich mich mehr der inhaltlichen Seite annahm, konzentrierte er sich vorrangig auf die teilweise schwierigen formalen Bedingungen, auf die nachhaltige Verbindung zu den Autoren, die notwendigen Arbeiten des Redigierens, die Überprüfung von Anmerkungen, das Erstellen eines druckfähigen Manuskripts unter Zeitdruck. Ohne sein Engagement hätte der Band mit Sicherheit nicht termingerecht erscheinen können. Diese Gabe, dem Formalen alle Aufmerksamkeit zu widmen, die den mitarbeitenden Kollegen zuweilen auch Seufzer entlockte, kam schließlich voll zum Zuge, als er sich entschloß, die Herausgabe des Briefwechselbandes zu übernehmen und damit seinen wichtigsten Beitrag in die Müntzerforschung einzubringen. Seinen letzten Beitrag zu Thomas Müntzer beendete er am Tag vor seinem Tod.[17]

16 Helmar JUNGHANS: Thomas Müntzer als Wittenberger Theologe. In: Der Theologe Thomas Müntzer: Untersuchungen zu seiner Entwicklung und Lehre/ hrsg. von Siegfried Bräuer; Helmar Junghans. Berlin; Göttingen 1989, 258-282, bes. 276 f. [155].

17 Erschienen erst im September 2010: Helmar JUNGHANS: Thomas Müntzer in Zwickau 1520/21. In: Thomas Müntzer: Zeitgenossen – Nachwelt. Mühlhausen 2010, 163-188. [172].

Helmar Junghans als akademischer Lehrer

Von Michael Beyer

In den Erinnerungen an meinen verehrten Lehrer, die sich über einen Zeitraum von ungefähr 38 Jahren erstrecken, mischen sich die harten Fakten des Lernens und der gemeinsamen Arbeit mit einer aus meiner Sicht frühzeitig beginnenden Vertrautheit, die über die Jahre hin beständig anhielt. Und so werden Sie in meinem Beitrag zu unserem Kolloquium, das ja ein ehrendes Gedenken an Helmar Junghans ist, diese Mischung unschwer wiederfinden. Die Zahlen und Fakten, die notgedrungen zu diesem Thema gehören, musste ich nachschlagen, die Persönlichkeit, die den akademischen Lehrer ausmachte, ist mir sehr gegenwärtig.

Für Helmar Junghans dürfte die Profession eines akademischen Lehrers der Theologie – und als solcher hat er sich als Kirchenhistoriker verstanden – wohl auch dann noch nicht in der Perspektive seiner Lebensplanung gestanden haben, als er nach dem Ersten theologischen Examen und dem Vorbereitungsdienst zum Pfarramt 1962 von Franz Lau als Wissenschaftlicher Mitarbeiter an das Institut für Kirchengeschichte unserer Fakultät gerufen wurde. Eine akademische Laufbahn habe nach Junghans' eigenen Worten aufgrund seiner Vorgeschichte eigentlich nicht im Rahmen des Möglichen gelegen. So promovierte er zwar 1964, wurde aber im gleichen Jahr ordiniert, nahm regelmäßig Predigtdienste wahr und hätte so den ursprünglich angestrebten Weg ins Pfarramt auch gehen zu können. Doch 1971 bot sich ihm durch das krankheitsbedingte, vorzeitige Ausscheiden seines Lehrers Franz Lau die Chance, in eine Dozentur für Kirchengeschichte berufen zu werden. Die relativ kurze Vorgeschichte seiner Zustimmung hörte sich aus seiner Perspektive etwa so an: Nachdem ihn der Dekan Hans Moritz gefragt hatte, ob er sich vorstellen könnte, die große Mittelaltervorlesung zunächst vertretungsweise wahrzunehmen, sei er aufs Fahrrad gestiegen, ins Oberholz gefahren und habe sich auf einer Lichtung in der Sonne liegend zunächst eine Grob-Gliederung überlegt und habe dann den Dekan darüber unterrichtet, dass er die Vertretung wahrnehmen wollte.[1]

Wenige Semester später konnte ich mit meinen Kommilitoninnen und Kommilitonen die inzwischen bereits erprobte Langfassung anhören. Sie war wie auch seine anderen Vorlesungen in Studentenkreisen insofern ein wenig berüchtigt, als Junghans eine sehr intensive Binnengliederung vorgenommen hatte. Ich habe mir jetzt die Nachschriften noch einmal angesehen und festgestellt, dass die Untergliederung – zumindest zu meiner – Zeit nicht über sechs Ebenen hinausging. So

1 Vgl. im Interview mit Junghans unten S. 97.

Helmar Junghans während des »Bechler-Seminars« in Wittenberg 2007

war zum Beispiel der Gliederungspunkt »2.10.3.5.2.1 Die Kirchenreform durch Papst Leo IX.« deshalb so weit an das Ende der Hierarchie gerückt, weil nur so der Grundgedanke des 2. Kapitels: »Das Corpus Christianum unter der Herrschaft des Kaisers« gerade im Blick auf die Stellung der geistlichen Gewalt gegenüber dem Kaisertum mit Stringenz durchzuhalten gewesen war. Das Papsttum spielte in dieser Epoche eine untergeordnete Rolle. Folglich wurde die Leoninische Kirchenreform abgehandelt unter »2.10 Die kirchliche Reformbewegung unter der Leitung der deutschen Könige bzw. Kaiser bis 1059«, »2.10.3 Heinrich III.«, 2.10.3.5 Heinrichs Italienzug 1046« und »2.10.3.5.2 Leo IX.«. Wer sich die Mühe machte, sich wenigstens diese Gliederung einzuprägen, konnte das Sachwissen entsprechend seiner Gewichtung im historischen Zusammenhang relativ leicht einordnen.

An die Mittelaltervorlesung schloss sich im darauf folgenden Semester turnusmäßig die vierstündige Vorlesung zur Reformationsgeschichte an. Ich erwähne sie aus zweierlei Gründen, weil mir beim Blick in die Nachschriften deutlich wurde, wie stark Junghans' eigene Forschung bereits zu Beginn der siebziger Jahre in seine Lehre eingegangen war, und dass wir jungen Studenten mit Themen konfrontiert worden waren, die erst Jahre später einer breiteren wissenschaftlichen Öffentlichkeit bekannt wurden. Einerseits begann die Vorlesung mit einem intensiven Überblick zum Spätmittelalter als Wurzelgrund der Reformation, andererseits spielte in ihr bereits die Beziehung des jungen Luther zu Humanisten eine tragende Rolle. Junghans hatte sich nach der Promotion über Wilhelm von Ockham [118; 119] mit Franz Lau auf das Humanismusthema im Blick auf eine Habilitation geeinigt und bereits intensiv daran gearbeitet, als ihm die Lehre in Kirchengeschichte angetragen wurde. Ein zügiges Arbeiten an der abschließenden akademischen Qualifikation war ihm zunächst nicht möglich, aber das Forschungsthema wurde stetig weiter bearbeitet. Fast zehn Jahre später habilitierte er sich und veröffentlichte danach das inzwischen weithin rezipierte Buch: »Der junge Luther und die Humanisten« [145].

Man darf außerdem nicht vergessen, dass die Hauptvorlesungen die moderne Grundlagenliteratur ersetzen mussten, auf die der normale Student in der DDR nicht ohne größere Probleme zugreifen konnte. Insofern war es auch hilfreich, dass im Institut ein riesiger Vorrat an neutralen Europa-Asien-Landkarten im Format DIN-A4 vorhanden war, die sich dazu eigneten, historische Karten selbst herzustellen, was wir unter Anleitung von Junghans auch taten.

Die Möglichkeit, näher mit den Hochschullehrern zusammen zu kommen, war in der DDR relativ einfach, weil »von oben« mit der festen Absicht der vollkommenen Kontrolle angeordnet. So wurden einer Studienkohorte vom Immatrikulationstag an zwei Hochschullehrer bzw. Mitarbeiter an die Seite gestellt, die bei politischem Fehlverhalten der ihnen anvertrauten Studierenden ihrerseits auch politisch hafteten. In einzelnen Fällen hat das System leider auch an der Leipziger Theologischen Fakultät durchaus in diesem Sinn funktioniert, aber zum Beispiel überhaupt nicht unter den beiden Männern, denen mein Jahrgang zugeordnet wurde: Helmar Junghans und Günther Wartenberg. Sie funktionierten das System stillschweigend um, verrieten uns nicht, sondern schützten uns. Es muss nicht Wunder nehmen, wenn das Bild vom akademischen Lehrer, das wir uns machen konnten, sehr viel mehr umfasste als nur das von einem Wissens-Quell.

Ich habe zu Anfang mit Bedacht den »akademischen Lehrer in der Theologie« betont. Das hieß in Junghans' Fall, dass er auf unterschiedliche Weise ganz in Speners Sinn seine Glaubenspraxis mit einbrachte, sich also keinesfalls ängstigte, als Historiker weniger ernst genommen zu werden, wenn er – wie schon sein Lehrer Franz Lau – die frühen vormittäglichen Vorlesungen mit Luthers Morgensegen oder einer anderen geistlichen Übung begann. Ich erinnere mich sehr genau daran, dass die vierstündige Reformationsvorlesung zweimal die Woche nicht ohne den Gesang aller vier Strophen von »Ein feste Burg« ihren Anfang nahm. Wir haben den Choral wirklich gelernt. Um die Kirchengeschichte als Fach in die Theologie einzuordnen, was ihm persönlich sehr wichtig war, wählte Junghans nicht den Weg einer schwer zu vermittelnden Methodendiskussion, sondern das an hinreißender Schlichtheit kaum zu unterbietende Modell Arnold Toynbees von »Challenge and Response« – »Herausforderung und Antwort«. Junghans machte daraus: Gott ruft sein Volk beständig in der Geschichte. Zuweilen antwortet dieses Volk sozusagen sachgerecht. Gottes Wort kommt nicht leer zurück. Und: nostrae res aguntur. Wenn wir Kirchengeschichte treiben, reflektieren wir unsere eigene Geschichte, eingezeichnet zwischen ein sinnvolles Beginnen und ein trostvolles Ende.

Das Wahrnehmen der unmittelbaren Lehraufgaben war zu Zeiten der DDR aufgrund der durchaus opulenten Ausstattung der Leipziger Kirchengeschichte mit Lehrkräften eine überschaubare Angelegenheit. Das kam der anderen Seite des Geschäfts, der akademischen Forschung, zugute und nutzte dadurch wiederum der akademischen Lehre. Zur Forschung gehörte für Junghans auch die Arbeit an der Lutherbibliographie des Lutherjahrbuches, die nur vordergründig einmal im Jahr mit der Vorbereitung zur Drucklegung endete. Er hat das immerwährende Bibliographieren als »Wissenschaftliche Diakonie«[2] bezeichnet. Die zeitaufwendige und mit der ihm eigenen Akribie durchgeführte Suche, ja leidenschaftliche Jagd, nach den neuesten Veröffentlichungen innerhalb der internationalen Lutherforschung – eingeschlossen die zuweilen auch etwas abseitigen Elaborate der viel breiteren Lutherrezeption –, hat sich sehr wohl auf sein Lehren ausgewirkt. Denn er beließ es nicht beim Bibliographieren, sondern ließ sich beständig inhaltlich von neuesten Forschungen inspirieren. Zeugnis davon gibt seine umfangreiche Rezensionstätigkeit, die sich vor allem im Lutherjahrbuch in Einzelrezensionen und beinahe Jahr für Jahr auch in der zusammenfassenden Kolumne »Martin Luther und die Welt der Reformation« niederschlug.

2 Vgl. unten S. 85.

Helmar Junghans mit Michael Beyer beim Ausflug des Instituts für Kirchengeschichte im Frühjahr 2009 auf Schloss Colditz

Auf diese Weise konnte er auch seine Vorlesungen stets mit der neuesten Literatur konfrontieren und umgestalten. Ich erinnere mich an ein Gespräch unmittelbar nach seiner letzten Vorlesung über das Mittelalter: Ehe er das Vorlesungsmanuskript endgültig weggepackt hätte, habe er es sich noch einmal vorgenommen, es an mehreren Stellen verändert und einige ihm gerade bekannt gewordenen Erkenntnisse anderer Forscher als Fragen an die eigene Darstellung vermerkt. Zwar hatte er die Absicht, im Ruhestand das späte Mittelalter noch monographisch zu behandeln, aber die Grundlage dafür, auch auf ungewisse Zukunft hin, zu diesem Zeitpunkt so akribisch wie möglich fertig gestellt zu haben, war bezeichnend für seine Arbeitsweise.

Welche Lehrveranstaltungen hat Helmar Junghans gehalten? Vor allem – und das war zunächst durch die unmittelbare Situation der bereits benannten Literaturnot vorgezeichnet – immer wieder die großen Hauptvorlesungen zum Mittelalter sowie zur Reformation, zur Dogmengeschichte der Alten Kirche und schließlich zur Theologie Luthers. Am Anfang seiner Dozententätigkeit hat er auch einmal Konfessionskunde gelesen. Hinzu kamen die Proseminare, die nicht wie heute als Überblicke über das ganze Fach und seine Methodenvielfalt geboten wurden, sondern Veranstaltungen der Quelleninterpretation waren, bei denen das Übersetzen der lateinischen Quellen der Reformationszeit breiten Raum einnahm. Seine zweistündige »Einführung in das wissenschaftliche Arbeiten« hat er mir Anfang der 1980er Jahre – wahrscheinlich nicht ohne Erleichterung – übertragen.

Die Arbeit im Seminar war ebenfalls gekennzeichnet durch die Verbindung von akademischer Lehre mit der Präsentation und Diskussion neuerer Forschungsergebnisse. Während meiner Studienzeit hat Junghans anscheinend wenige Seminare angeboten. Ich habe erst vor dem Internationalen Lutherkongress, der 1997 in Heidelberg stattfand, eines davon besucht bzw. mitgestaltet, das zugleich eines seiner letzten Hauptseminare vor dem Eintritt in den Ruhestand gewesen ist. Hier stand sein wissenschaftlich lebenslang bedachtes Thema, der Humanismus bzw. dessen unterschiedliche Ausprägung in seinen einzelnen Vertretern, im Mittelpunkt. Der vorgetragene und später im Kongressbericht im Lutherjahrbuch 66 (1999) veröffentlichte Beitrag »Anthropologische Vorstellungen unter Renaissancehumanisten« war durchaus eine komplizierte Materie und nötigte die Studierenden zu intensiver Vorbereitung. Die Lehre erschien hier als Möglichkeit, die Studierenden an den neuesten Forschungen zu einem nicht unumstrittenen Thema teilhaben zu lassen, und diente Junghans gleichzeitig als willkommene, erste Referenz.

Luthers Theologie in der Vorlesung zu behandeln bedeutete für Junghans, den Hörern einen Zugang zu Luthers theologischen Sachproblemen in deren Geschichte zu schaffen und in einen eigenen, systematischen, an Luthers trinitarischem Denken orientierten Zusammenhang zu stellen. Diesen Zusammenhang hat er in einem auch veröffentlichten Vortrag zur »Mitte der Theologie Luthers« [86] auf die Formel gebracht: »Gott wirkt alles – durch sein Wort – in einem Prozess – zum Heil.« Zur Darstellung der Theologie Luthers möchte ich Junghans selbst zu Wort kommen lassen. Ich habe diese Vorlesung zwar selbst nie gehört, bin aber durch die Freundlichkeit von Frau Thekla Junghans in der Lage, aus der elektronisch vorhandenen Fassung letzter Hand zu zitieren.

> »Viele Aussagen Luthers sind nur dann richtig zu verstehen, wenn beachtet wird, aus welcher Tradition er schöpft und wen er damit übergießt. Ein Teil seiner Schriften sind Kampfschriften, sind in einem polemischen Ton abgefaßt. Sie nehmen eine bestimmte Frage [auf – M.B.]. Luthers Antwort wird von dem dazugehörigen Kontext mit geprägt. Seine Intention ist nur zu verstehen, wenn darauf geachtet wird, womit er sich auseinandersetzt. Ohne Berücksichtigung der geschichtlichen Zusammenhänge können Luthertexte oft nicht recht begriffen werden. Daher muß man sich hüten, Aussagen Luthers als zeitlose allgemeingültige Sentenzen zu behandeln und daraus ein logisch miteinander verknüpftes Lehrgebäude zu errichten. Die Orthodoxie hat dies getan und dabei vieles verschüttet, was Luther aus der Heiligen Schrift ans Licht gebracht hatte.
>
> Wie soll dann eine Darstellung der Theologie Luthers seine theologischen Einsichten zusammenfassen? Es ist möglich – und dieser Weg ist auch beschritten worden –, Luthers Theologie in ihrer Entwicklung, das heißt genetisch, darzustellen. Dann werden chronologisch geordnet immer die theologischen Themen behandelt, die ihn in bestimmten Lebensabschnitten besonders beschäftigten. Diese Darstellungsweise führt leicht zu der Annahme, daß Luther aus einer bestimmten Erkenntnis heraus – z. B. der ›reformatorischen Entdeckung[‹] – seine Theologie folgerichtig, logisch entfaltet habe. Aber er entwickelte keinesfalls eine Grundidee oder ein ›Prinzip‹, wie ein Schriftsteller ein Buch entwirft und durchführt, sondern er mußte sich jeweils dem stellen, was an ihn herangetragen wurde. Luther wollte ja auch nicht etwas Neues lehren, gewissermaßen eine neue Kirche gründen, sondern er wollte die Kirche reformieren, Bestehendes ins Licht der Heiligen Schrift stellen und dadurch verbessern. Daher will ich nicht versuchen, Luthers Theologie als eine logische Folge einer Grundentscheidung darzustellen, sondern unabhängig von seiner Entwicklung theologische Sachprobleme in den Vordergrund rücken. Trotzdem darf nicht übersehen werden, daß Luther mit seinen Aussagen zum Teil in theologischen Traditionen stand oder oft auch bestimmte Ansichten korrigieren wollte. Daher ist es notwendig, sich zunächst die theologischen Hauptströmungen ins

Bewußtsein zu rufen, mit denen es Luther zu tun hatte, und danach auch auf seine Auseinandersetzungen einzugehen, weil er in ihnen theologische Antworten akzentuierte.«

Im Vorfeld des Lutherjubiläums von 1983 hatte es das Hochschulministerium der DDR nicht mehr vermeiden können, den inzwischen international beachteten Forscher und akademischen Lehrer zum außerordentlichen Professor zu ernennen. Zum ordentlichen Professor wurde er allerdings erst nach der Friedlichen Revolution berufen. Bereits 1981 hatte er im Rahmen eines Austauschprogramms mit den USA eine Vorlesungsreihe an der Valparaiso University, Ill., gehalten. In den neunziger Jahren lehrte er noch einmal in den USA und bei zwei Aufenthalten in Brasilien.

Ein letzer Aspekt der Tätigkeit von Junghans als akademischer Lehrer betrifft die Nachwuchspflege im Ruhestand – die Wittenberger Bechler-Seminare in ihrer Einheit der Präsentation von Sachzeugen am vornehmsten Luther-Erinnerungsort und der neuesten Forschungen zu Luther und Wittenberg.[3] Hier hat er die Erfahrungen eines langen Gelehrtenlebens in offener, freundschaftlicher und glaubensfroher Weise an junge Leute weitergegeben, ganz so, wie ich das aus meinen ersten Studientagen in Erinnerung habe. Darum ist der Rest nicht Schweigen, sondern das Lautwerden einer lebendigen Vorstellung von einem guten akademischen Lehrer.

3 Helmar Junghans leitete zwischen 2000 und 2008 die von der Stiftung Luthergedenkstätten in Sachsen-Anhalt und der Luther-Gesellschaft gemeinsam getragenen Herbstkurse für Studenten, Assistenten und Promovenden, die unter dem Oberthema »Sachzeugen der Reformation in Wittenberg« standen. Finanziert wurden diese Veranstaltungen durch eine Stiftung der Melanchthon-Nachfahrin Margret Bechler (1914-2002), die seit 1945 zunächst in russischen Straflagern und zwischen 1950 und 1955 in DDR-Zuchthäusern inhaftiert war; vgl. http://de.wikipedia.org/wiki/Margret_Bechler [Zugriff 15. Februar 2012]. Die lebensgeschichtliche Parallele mit der Stifterin war Junghans zunächst nicht bekannt, hat ihn aber verständlicherweise stark berührt, so dass er ihr jeweils einen Abend der Seminare widmete und den Teilnehmern ihren Lebensbericht „Warten auf Antwort" (München 1978 u. ö.) vorstellte.

Titelblatt der 2. durchges. und erw. Aufl. des Buches
Das Jahrhundert der Reformation in Sachsen Leipzig: EVA, 2005 [021.2]

Helmar Junghans als Zeitgenosse

Von Siegfried Bräuer

Wie eh und je geben die Wörterbücher bei dem Lemma »Zeitgenosse« nur die allgemeine Bedeutung an: »gleichzeitig Lebender, Mitmensch«[1]. Das trifft wohl auf die meisten zu, die am Akademischen Gedächtnis für Helmar Junghans teilnehmen, auf mich sogar in besonderem Maße. Seit meinen Jahren als Pfarrer in Anger-Crottendorf, aber auch im Pastoralkolleg Krummenhennersdorf, danach in der Evangelischen Verlagsanstalt in Berlin, selbst nach dem Ende der beruflichen Tätigkeit ist die Verbindung zwischen Helmar Junghans und mir nie abgerissen. Dafür sorgten immer wieder gemeinsame Aufgaben, die Teilnahme an Gremien und Veranstaltungen, nicht zuletzt die Arbeit an der Edition des Müntzerbriefwechsels. Am 14. Mai 2010 wechselten wir die letzten Mails in Sachen Müntzer, und am Abend vor seinem Tod übermittelte Helmar Junghans noch den Herausgebern den Schluss seines Müntzerbeitrages zu meiner Festschrift, von der ich zu dieser Zeit noch nichts ahnte.[2] Meine Zeitgenossenschaft im allgemeinen Sinn ist nicht zu bezweifeln. Erinnerungen an Gespräche, an Erlebnisse und Erfahrungen sind in den zurückliegenden Wochen wieder nahe gerückt. Sie sind zumeist recht subjektiv und lassen sich schwer zu einem Bild zusammenfügen. Ich habe schon im Austausch mit meiner Frau festgestellt, dass sie teilweise andere Erinnerungen hat. Ich wusste zum Beispiel nicht, dass sie sich mit Helmar Junghans über Literatur zur Pflanzenbestimmung ausgetauscht und er ihr geraten hat, sich zu Schmeil-Fitchen noch die Exkursionsflora von Rothmaler anzuschaffen.[3]

Ich vermute aber, solche persönlichen Erinnerungen hatten die Programmgestalter des Akademischen Gedächtnisses gar nicht im Sinn bei meinem Thema. Sie werden eher in die Richtung gedacht haben, die durch den Untertitel von Eberhard Bethges Bonhoeffer-Biographie angezeigt wird: »Theologe – Christ – Zeitgenosse«, also Zeitgenosse im zeitgeschichtlichen Sinn.[4] Herr Beyer hat im Vorwort zum Aufsatzband, der am 70. Geburtstag überreicht wurde, die Formulierung gebraucht

---

1 Vgl. z. B. DUDEN: das große Wörterbuch der deutschen Sprache in zehn Bänden. 3., völlig neu bearb. u. erw. Aufl. Bd. 10. Mannheim u. a. 1999, 4602.

2 Helmar JUNGHANS: Thomas Müntzer in Zwickau 1520/21. In: Thomas Müntzer: Zeitgenossen – Nachwelt/hrsg. von Hartmut Kühne, Hans-Jürgen Goertz; Thomas T. Müller; Günter Vogler. Mühlhausen 2010, 163-188. [172].

3 FLORA VON DEUTSCHLAND/ hrsg. von O[tto] Schmeil; Jost Fitchen. 54.-56. Aufl. Leipzig 1945; EXKURSIONSFLORA/ hrsg. von Werner Rothmaler. Berlin 1956.

4 Eberhard BETHGE: Dietrich Bonhoeffer: Theologe – Christ – Zeitgenosse. Berlin 1986, 5-7.

»eine theologische Existenz unter den Bedingungen der DDR im Miteinander von wissenschaftlicher Arbeit und verantwortetem Glauben«.[5] Das ist wohl der Kurs, den ich mit meinem Beitrag einschlagen soll. Zunächst war mir nicht sehr wohl angesichts dieser Aufgabe. Natürlich habe ich nicht wenige persönliche Erinnerungen. Ich war zum Beispiel bei Helmar Junghans, als er im Oktober 1976 kurz zuvor völlig überraschend durch den Referenten Jürgen Janott vom Ministerium für Hoch- und Fachschulwesen aufgefordert worden war, am Internationalen Lutherforschungskongress in Oslo teilzunehmen und ihm sogar die mehrfach abgelehnte Vortragsreise in die Schweiz in Aussicht gestellt wurde. Auch als ihm während des mühseligen Druckgenehmigungsprozesses seines Wittenbergbuches abverlangt wurde, die marxistische Konzeption »frühbürgerliche Revolution« zu erwähnen und die Errungenschaften der DDR in der Lutherstadt herauszustellen, war ich bei ihm, und wir haben Alternativen ausgelotet.[6] Eine ganze Kette ähnlicher punktueller Erinnerungen ließen sich anfügen. Die Gefahr eines vor allem anekdotischen Berichtes wäre aber kaum zu vermeiden. Glücklicherweise wurden mir schließlich drei autobiographische Quellen zugänglich gemacht, zunächst ein ausführliches Interview, das Helmar Junghans am 28. Februar 2008 der wissenschaftlichen Mitarbeiterin des Hanna-Arendt-Instituts Francesca Weil für einen Band mit Zeitzeugenberichten von Leipziger Universitätsangehörigen aus der Zeit von 1945-1990 gegeben hat.[7] Durch Frau Junghans erhielt ich danach den Text einer Rede, die ihr Mann am 24. Mai 1997 am Gedenkstein für die Toten von 1945-1950 in Sachsenhausen vor ehemaligen Häftlingen und ihren Angehörigen gehalten hat. Er hat sich bei dieser säkularen Veranstaltung für die Form eines persönlichen Zeugnisses in Gestalt einer Predigt entschieden, die auch mit Amen schließt.[8] Frau Junghans hat mir außerdem den vierseitigen Extrakt eines langen Interviews übermittelt, das sich vorrangig auf den Anlass für die Verhaftung und Verurteilung des fünfzehnjährigen Oberschülers Junghans sowie die Zeit in zwei sowjetischen Straflagern und einer Strafanstalt der jungen DDR konzentriert. Die Schwarzenberger Publizistin und Fotografin Lenore Lobeck, die vor allem durch ihr Buch über das angebliche Schwarzenberger Utopie-Experiment von 1945 bekannt geworden ist, ist bei Recherchen über die Verhaftungen im Landkreis Aue-Schwarzenberg zwischen 1945-1950 im Bundesarchiv Berlin, in den ZK-Akten, Abteilung Staats- und Rechtsfragen unter anderem auf eine Liste zur Justizstrafanstalt Untermaßfeld gestoßen, in der unter

5 Helmar JUNGHANS: Spätmittelalter, Luthers Reformation, Kirche in Sachsen/ hrsg. von von Michael Beyer; Günther Wartenberg. Leipzig 2001, 10. [37].

6 Helmar JUNGHANS: Wittenberg als Lutherstadt. Berlin 1979. [60].

7 Francesca WEIL: Interview mit Professor Dr. Helmar Junghans am 28. Februar 2008. In: »Zuerst wurde der Parteisekretär begrüßt, dann der Rektor …«: Zeitzeugenberichte von Angehörigen der Universität Leipzig (1945-1990)/ hrsg. von Günther Heydemann; Francesca Weil. Leipzig 2009, 136-157.

8 Helmar JUNGHANS: Sachsenhausen, 24. Mai 97 – am Gedenkstein für die Toten 1945-1950 (Masch.).

Nr. 651 auch Helmar Junghans aus Affalter bei Aue verzeichnet ist. Sie hat ihn im Telefonbuch ausfindig gemacht und am 3. März 2010 mit ihm ein langes Gespräch geführt, das auf Tonband aufgezeichnet worden ist.

Davon hat sie den erwähnten Extrakt angefertigt.[9] An diese schriftlichen Quellen werde ich mich vor allem halten, wenn ich jetzt in zwei Teilen etwas zu Helmar Junghans als Zeitzeugen sagen möchte.

I Die prägenden Jugendjahre

In unseren Gesprächen blieb unsere Jugendzeit, die ja durch Alter, Herkunft und die erzgebirgische Heimat gewisse Ähnlichkeiten aufweist, keineswegs ausgespart. Wie unterschiedlich wir dennoch veranlagt waren, wurde uns bei allem guten Verständnis immer wieder bewusst. Als wir einmal über unsere Predigtvorbereitungen sprachen, nannte er eine bestimmte Stundenzahl, die er sich hierfür genauso wie für das Tapezieren eines Zimmers setze. Dieses rationelle deduktive Vorgehen war mir in meiner aufwendigeren induktiven Arbeitsweise ganz fremd. Als Mitautor und Verlagsleiter habe ich später seine Neigung zur formalen Konsequenz schätzen gelernt. Sie erwies sich als effektiv und schaffte Verlässlichkeit. Er war der geborene Herausgeber, der keine Mühe scheute, dass die vorgegebene Konzeption einigermaßen eingehalten wurde.

Wie angedeutet, wusste ich, dass Helmar Junghans 1931 in Geyer, einer Kleinstadt mit Bergbau- und Textilgeschichte, geboren war. Mir war bekannt, dass er keine Geschwister hatte, seine Mutter bald nach Kriegsende verlor und sein Vater in Stalingrad umgekommen war. Gesprächsweise haben wir gelegentlich auch die Ereignisse von 1947 und danach berührt, wie er wegen Besitz einer gefundenen Pistole in der Bauernwirtschaft seines Onkels in Affalter bei Lößnitz verhaftet wurde und ins sowjetische Speziallager nach Bautzen kam. Für jeden in der DDR, der das System nicht aus Überzeugung vertrat, war Bautzen eine Art Schreckenswort. Obwohl Helmar Junghans die Zeit seiner Haft mir gegenüber wie auch anderen vertrauten Personen nicht als tabu behandelte, erfuhr ich die Einzelheiten über die 44 schweren und prägenden Monate erst durch die erwähnten späten Interviews. Jetzt erst konnte ich nachlesen, dass er einer von acht Jungen in Geyer war, die mit im Wald gefundenen Waffen spielten, obwohl sie wussten, dass es verboten war. Im zweiten Interview hat er dazu mit Recht bemerkt, dass das damals durchaus üblich war. Rückblickend sind einige Züge der damaligen Ereignisse geradezu tragisch. Einer der Väter, der Bedenken wegen der Waffen bei seinem Jungen bekam, hat selbst die Polizei informiert. Durch ein Geständnis ist die ganze Gruppe bekannt

9 Extrakt einer Tonbandaufzeichnung vom Gespräch Lenore Lobecks mit Helmar Junghans in Leipzig am 3. März 2010 (E-mail). Das Interview ist in bearbeiteter Form unten S. 89-99 abgedruckt.

geworden. Alle wurden verhaftet, auch Helmar Junghans, der schon gar nicht mehr in Geyer zu Hause war.

Im Gespräch mit Frau Lobeck werden die Etappen von der Verhaftung im Juli 1947 durch einen deutschen Polizisten und drei sowjetische Soldaten bis zum Prozess konkret genannt: Transport nach Annaberg, von dort in das berüchtigte NKWD-Gefängnis auf dem Kassberg in Chemnitz,[10] zunächst Einzelhaft und Verhöre, einmal unter Anwendung körperlicher Gewalt, am 10. Oktober Prozess für die acht Jugendlichen vor einem sowjetischen Militärtribunal, Verurteilung von Junghans und zwei weiteren nur wegen Waffenbesitz zu 10 Jahren Straflager, die restlichen Fünf außerdem wegen Untergrundorganisation (Wehrwolf) zu 25 Jahren. Rechtsgrundlage war wahrscheinlich der üble Paragraph 58 des sowjetischen Strafgesetzbuches, der bereits bei den stalinistischen Säuberungsaktionen in den dreißiger Jahren eine verhängnisvolle Rolle gespielt hatte.[11] In den schweren und völlig unsicheren Monaten der Untersuchungshaft gab ihm sein Glaube, den er vor allem seiner Mutter verdankte, einen starken Halt. Er erinnerte sich, dass er mit einem gefundenen Nagel in den Ölsockel seiner Zelle den Heilandsruf Jesu eingekratzt hat: »Kommt her zu mir alle, die ihr mühselig und beladen seid, ich will euch erquicken.« (Mt 11, 28). Das wurde entdeckt. Auf seine Erklärung, es sei ein Trostwort Jesu, beließ es der ältere Offizier bei einer Verwarnung. Kurz nach seinem 16. Geburtstag ging es per Zug im Gefängniswaggon auf Transport mit unbekanntem Ziel.

Im sowjetischen Speziallager Bautzen angekommen, war er einer von über 5000 Strafgefangenen. Für Ende 1947 ist die Zahl von 4300 Verurteilten nachgewiesen. Das waren fast 65 % Prozent aller Gefangenen. Darunter befanden sich zahlreiche Jugendliche, verurteilt wegen Waffenbesitz wie Helmar Junghans und seine Freunde, von denen er selbstverständlich getrennt wurde. Aus dem Jahr 1948 sind nach sowjetischen Akten 1365 Gefangene mit einem Strafmaß von 5-10 Jahren bekannt, mit einem Strafmaß von 15-25 Jahren sogar 3050 Gefangene, wie fünf der Freunde.[12] Er kam in den Ostflügel des Hauptgebäudes, zuerst in eine Zelle mit 25 Gefangenen, für die es 25 Holzpritschen ohne Unterlagen, doppelstöckig in einer Reihe angeordnet, gab. Bis Weihnachten 1947 war er in drei verschiedenen Sälen untergebracht. Besitz war nicht erlaubt, außer Schachfiguren. Filzkommandos kontrollierten regelmäßig. Da er aus einem landwirtschaftlichen Zuhause kam, be-

10 NKWD – Narodnyi Kommissariat wnutrenich del (Volkskommissariat für Innere Angelegenheiten).

11 Vgl. Günter AGDE: Sachsenhausen bei Berlin: Speziallager Nr. 7 1945-1950: Kassiber, Dokumente und Studien. Berlin 1994, 20 f.

12 Alexandr HARITONOW; Dimitrij FILIPPOWYCH; Jan LIPINSKY: Das sowjetische Speziallager in Bautzen 1945-1950 aus der Sicht sowjetischer Akten. In: Hunger – Kälte – Isolation: Erlebnisberichte und Forschungsergebnisse zum sowjetischen Speziallager Bautzen 1945-1950/ bearb. von Cornelia Liebold; Bert Pampel. Dresden 1997, 71-99, bes. 80.

fand er sich gesundheitlich in guter Verfassung. Die kargen Essensrationen stillten aber den Hunger nicht. Der tägliche halbstündige Hofgang, bei dem schweigend im Kreis gegangen werden musste, trug wenig zur Gesunderhaltung bei, zumal ständig die Bedrohung mit Verhören und Anschuldigungen gegenwärtig war. Den Gefangenen war auch bewusst, dass die Todesrate hoch war. Inzwischen sind für 1947 867 Todesfälle nachgewiesen, in den ersten anderthalb Monaten von 1948 allein schon 106. Bei den Todesursachen stand Lungentuberkulose an erster Stelle, gefolgt von Dystrophie, also Hunger, und angeblichem Herzversagen.[13]

Am 1. Februar 1949 wurde Helmar Junghans mit weiteren mehr als 1200 Verurteilten in das Speziallager Sachsenhausen bei Oranienburg verlegt, damit die mit 15 Jahren und mehr Bestraften in Bautzen konzentriert werden konnten.[14] Obgleich die Baracken durch Stacheldraht von einander getrennt waren, in denen sich drei Etagen Pritschen für 110 Gefangene befanden, hat er die Situation gegenüber Bautzen als Verbesserung bezeichnet. Das Essen war nach wie vor schlecht, aber es gab nach einiger Zeit Zigaretten und Zeitungen. Zu Ostern 1949 durfte er wie alle Verurteilten in Speziallagern zum ersten Mal nach Hause schreiben. Die zensierte Post ging über eine Berliner Adresse, so dass die Verwandten nicht erfuhren, wo sich ihre Familienglieder befanden.[15]

Nach Gründung der DDR wurden die Speziallager aufgelöst. Der Brief von Armeegeneral Wassili Iwanowitsch Tschuikow an Walter Ulbricht, der die Übergabe von über 3000 Internierten und über 1000 Verhafteten an das Innenministerium der DDR mitteilte, und der Dank Ulbrichts mit der Bestätigung der Übernahme der »von den Kriegstribunalen verurteilten Verbrecher ... zum Zwecke der Verbüßung ihrer gerechten Strafe« wurde im Neuen Deutschland vom 17. Januar 1950 veröffentlicht.[16] Helmar Junghans wurde Anfang Februar 1950 mit einem Güterwagen-Transport von 1229 Häftlingen in die Justizvollzugsanstalt Untermaßfeld bei Meiningen überführt. Schon 1813 war die ehemalige hennebergische Burg, in der einst Wolfram von Eschenbach zum Ritter geschlagen worden war, als Gefängnis eingerichtet worden, das seit Ende des 19. Jahrhunderts als führend in der Reform des Justizvollzugswesens bekannt wurde. Diese Tradition fand 1933 abrupt ein Ende.[17] Nur die Arbeitsmöglichkeit war geblieben. Helmar Junghans kam zunächst in die Tischlerei, dann durch einen Mitgefangenen seiner Zehnmannzelle in die Küche. Zweimal war er in Einzelhaft durch Verrat und geschürtes Misstrauen. Wie bisher

13 Ebd, 77.

14 Ebd.

15 Haritonow; Filippowych; Lipinsky: Das sowjetische Speziallager … (wie Anm. 12), 85-87.

16 Agde: Sachsenhausen … (wie Anm. 12), 25. 182 f; ebd, 188-193: Bericht über Räumung und Auflösung des »Internierungslagers« Sachsenhausen.

17 Internetseiten der Justizvollzugsanstalt Untermaßfeld 2011 http://www.thueringen.de/de/justizvollzug/untermassfeld/).

fand er in einem festen Vertrauen auf Christus seinen Halt. In seiner Predigt am Sachsenhausengedenkstein hat er 1997 bezeugt, dass er von seinem Glauben kaum gesprochen hat. Aber manche hätten wohl etwas davon gespürt. Von Anfang an habe ihn in der Haft weniger die Frage nach dem Unrecht bewegt, das ihm geschehe, sondern vor allem, was Jesus Christus dadurch an ihm wirken wolle. Ob er gar Pfarrer werden solle. Neigung dazu habe er nicht gehabt. Aber die Frage ließ ihn nicht los, ob es nicht seine Lebensaufgabe sein müsse, »auch beruflich Jesus Christus zu dienen, um seine Liebe und seine Vergebung zu den Menschen zu bringen?« Er fügt hinzu: »Und wenn ich in den Lagern einen so tiefen Einblick in dieses System erhalten hatte, musste es dann nicht meine Aufgabe sein, gerade unter dieser Herrschaft diesen Dienst zu tun? Am 11. Februar 1951 habe ich in einem Gebet Jesus Christus erklärt, dass ich ihm dienen will. Sechs Wochen später war ich entlassen. Damit war mein ganzes Leben geprägt.«[18] Wahrscheinlich ist ihm erst viel später bewusst geworden, dass er das heimliche Versprechen am Invokavit-Sonntag gegeben hat, an dem seit Jahrhunderten als Epistel die Mahnung des Apostels Paulus in 2. Korinther 6 verkündigt wird, nicht vergeblich die Gnade Christi zu empfangen, die sich auch an den Dienern Gottes in Gefängnissen erwiesen hat.

Nach der Entlassung am Karsamstag 1951 gemeinsam mit mehr als 100 Häftlingen wegen guter Führung, was auch für seine Verwandten ganz überraschend geschah, verfolgte er konsequent sein neues Ziel. Pfarrer der heimatlichen Region ebneten den Weg zum Kirchlichen Seminar in Potsdam-Hermannswerder, das 1950 in der Tradition der Gymnasien gegründet worden war, um mit dem Abitur, zu dem auch die drei alten Sprachen gehörten, das Universitätsstudium der Theologie aufnehmen zu können. Durch die Teilnahme des Dekans der Theologischen Fakultät der Berliner Humboldt-Universität an der Abschlussprüfung wurde dieser Weg bis 1956 legalisiert. Das war übrigens 1955 bei der Prüfung von Helmar Junghans der Kirchenhistoriker Walter Elliger.[19] Die weitere Ausbildung schien damit geregelt zu sein, zumal die erste Etappe erfolgreich abgeschlossen war, Förderer gelegentlich zur Hand waren, Zurückhaltung gegenüber dem stalinistischen System für künftige Theologen möglich war und die Glaubensbasis erhalten blieb. Die schweren Jugendjahre waren somit keine verlorene Zeit. Sie sind aber wohl sogar prägend bei bestimmten Charakterzügen gewesen, an der Ausdauer, der Neigung zur formalen Konsequenz und nicht zuletzt der unbeirrten Glaubenspraxis. Die nächste Etappe konnte nun zügig in Angriff genommen werden. Sie schien fest vorgezeichnet zu sein durch ein normales Studium an der Universität.

---

18 Junghans: Sachsenhausen (wie Anm. 8), 2.

19 Raimund Hoenen: 1950-1990: 40 Jahre Kirchliches Oberseminar. Eine theologische Vorausbildungsstätte der Kirche. In: 1909-2009: 100 Jahre Gymnasiale Bildung auf Hermannswerder. ALMANACH und Festschrift. Potsdam 2009, 30-32; Siegfried Bräuer: »Kein Freund unserer Republik, sagt aber, was er meint«: der Berliner Kirchenhistoriker Walter Elliger (1903-1985). Zeitschrift für Theologie und Kirche 102 (2005), 435-471, bes. 459.

II Eine unerwartete Universitätskarriere

Die sachlichen Voraussetzungen waren günstig. Wenige konnten 1955 bei Studienbeginn an der sächsischen Landesuniversität Leipzig bereits alle drei Altsprachenabschlüsse vorweisen. Allerdings zeigte sich, dass die Vergangenheit nun doch eine Rolle spielte. Ein FDJ-Funktionär aus der Heimat hatte die Universität gewarnt. Angesichts zu vieler Bewerber erhielt der ehemalige Häftling Junghans nicht einmal eine Antwort. Wie auch sonst nahm das die Fakultät nicht einfach hin. Als zwei ihr Studium nicht antraten, intervenierte sie im Prorektorat, und der verschmähte Bewerber wurde nachimmatrikuliert. Durch seine Voraussetzungen und sein anvisiertes Ziel ging es mit dem Studium zügig voran. Franz Lau, der eine ausgeprägte Schwäche für Fleiß und Zuverlässigkeit hatte, wurde bald auf ihn aufmerksam. Er machte ihn zum Hilfsassistenten und bot ihm an, eine gelungene Seminararbeit über die Ockhamforschung als Dissertation auszubauen.

Nach dem Examen 1960 und dem Lehrvikariat wollte Lau ihn als Assistenten haben. Erneut gab es Schwierigkeiten. Der Stasiinformant »Werner« hatte seinem Führungsoffizier Laus Absicht in Bezug auf den, wie er sich ausdrückt, »politisch nicht positiven Absolventen Junghans« mitgeteilt. IM »Blume« (Christoph Haufe) hatte Laus Vorhaben mit dem »politisch unerwünschten« Junghans ebenfalls der Stasi übermittelt.[20] Entsprechend ablehnend gegenüber Lau reagierte die für die Theologischen Fakultäten zuständige Referentin im Staatssekretariat für Hoch- und Fachschulwesen, die ehemalige Theologin Friederun Fessen, die als IM »Irene« ebenfalls für die Stasi arbeitete. Lau gab sich aber nicht geschlagen. Er erbat vom Dekan der juristischen Fakultät Erwin Jacobi, der Christ und als sogenannter Halbjude Verfolgter des Nationalsozialismus war, ein Gutachten, ob Junghans als vorbestraft zu gelten habe. Das Ergebnis lautete, die Strafen der sowjetischen Militäradministration seien annulliert. Auf die erneute Ausflucht, es sei kein Geld vorhanden, reagierte die Fakultät mit dem Vorschlag, eine freigewordene Professur in zwei Assistentenstellen umzuwidmen. Helmar Junghans erhielt aber nur die Stelle eines Wissenschaftlichen Mitarbeiters, damit der Zugang zur Lehre verhindert würde.[21] Auch dann blieben ihm die geheimen abfälligen Kommentare aus der Minigruppe der staatsnahen Fakultätsangehörigen treu, wie sie inzwischen zum Beispiel im Stasitreffbericht vom 30. November 1962 durch GM »Blume« und »Werner« zu belegen sind. Sie gaben zu Protokoll, der am Institut für Kirchengeschichte tätige Wissenschaftliche Mitarbeiter Junghans gehöre »nicht zu den Hetzern«, er »gehe aber

20 Behörde des Bundesbeauftragten des Staatssicherheitsdienstes der ehemaligen DDR (BStU), Ast. Leipzig AIM 3435/92 Gi »Werner« (Kurt Meier) A1, 154 (31.08.1960); Friedemann STENGEL: Die Theologischen Fakultäten der DDR als Problem der Kirchen- und Hochschulpolitik des SED-Staates bis zu ihrer Umwandlung in Sektionen 1970/71. Leipzig 1998, 365.

21 Weil: Interview … (wie Anm. 7), 139.

an der Fakultät einen etwas eigenen Trott«.[22] Im Interview von 2008 hat er dieses Bild der Informanten bestätigt. Er sei überzeugt gewesen, er »werde geführt«. Er »habe da im Windschatten dahinexistiert« und seine Arbeit und Forschung gemacht, vor allem die Arbeit für die Lutherbibliographie und die Forschung zunächst für die 1964 abgeschlossene Promotion. Das blieb so bis 1970. Selbst bei der Mitarbeit in der Gewerkschaftsgruppe der Historiker, um die ihn Günter Haufe 1967 gebeten hat, weil er auf einen neutestamentlichen Lehrstuhl in Greifswald berufen wurde, musste er sein Verhalten kaum verändern. In diesem wenig ideologisch belasteten Universitätsgremium ging es vor allem um praktische Regelungen. Mit einzelnen Mitgliedern der Gruppe war sogar ein sachliches Gespräch möglich. Er nennt im Interview vor allem den Historiker Hartmut Zwahr.[23] Dieser hat mir kürzlich den in der damaligen Zeit ungewöhnlichen bilateralen Austausch bestätigt. Er erinnert sich, dass Helmar Junghans einmal bei einer dieser privaten Erörterungen eines Konfliktes im Universitätsbereich unvermittelt nachdenklich sagte: »Ach, Herr Zwahr, das entscheidet sich in der Ewigkeit.« Das war einer der Momente, in dem er offen zu erkennen gab, wo er mit seiner Lebensauffassung zentriert war.

1970 änderte sich seine Situation schlagartig. Kurz vor Beginn des Frühjahrsemesters informierte ihn der Sektionsdirektor Moritz, dass Lau im Krankenhaus liege, und verband damit die Frage, ob er die Vorlesung Kirchengeschichte des Mittelalters übernehmen und das Hauptseminar halten könne. Er ergriff die Chance und sagte ja. Im Interview mit Frau Weil ist die für ihn typische Episode nachzulesen, wie er sich die von seinem Lehrer hochgeschätzte Kirchengeschichte Deutschlands von Albert Hauck nahm, mit dem Fahrrad in den Wald fuhr, sich dort eine Konzeption überlegte und danach zügig die Arbeit seines Lehrers aufnahm. Er erwähnt auch den politischen Gegenwind, der sich dagegen erhob, und wie sich der Sektionsdirektor dagegen durchsetzte. Mit seiner Vermutung, dass Moritz als ehemaliges Mitglied des Zentralrats der FDJ Rückendeckung durch den 1. Sekretär der SED-Bezirksleitung Horst Schumann erhielt und vor allem eine Verschärfung der Fakultätssituation durch eine Berufung von außen verhindern wollte, lag er durchaus richtig.[24] Erst viel später hat er durch die Arbeit über die SED-Politik gegenüber den Theologischen Fakultäten von Friedemann Stengel erfahren, dass sich Moritz sogar gegen die Beurteilung der Stasi durchsetzen konnte, die den Ersatzmann für Lau als »politisch völlig unzuverlässigen Mann« bezeichnete, der in politischen Veranstaltungen aus Abneigung schlafe oder zweifelhafte Argumente vorbringe.[25] Die weiteren Stationen sind bekannter und bereits ausführlicher von meinen Vorrednern berührt worden, die wachsende internationale Anerkennung als Reformations- und Lutherforscher, die Ernennung zum außerordentlichen Pro-

22 BStU, Ast. Leipzig AIM 3435/92, 241f (wie Anm. 20).
23 Weil: Interview … (wie Anm. 7), 139. 151.
24 Ebd, 139 f.
25 Stengel: Die Theologischen Fakultäten … (wie Anm. 19), 617 f.

fessor 1980 im Vorfeld des Lutherjubiläums und die Berufung zum ordentlichen Professor für Kirchengeschichte 1990 durch die Umwidmung einer freigewordenen Stelle für den wissenschaftlichen Kommunismus. Einen Anlass, seine persönliche Einstellung zum DDR-System durch die veränderten Wirkungsmöglichkeiten zu revidieren, sah er nicht. Bei dem tragischen Tod zweier Söhne in der Hohen Tatra 1986 brachten sich die engstirnigen Behörden mit ihrer Ideologie erneut schmerzhaft in Erinnerung, wie ich aus seiner Erzählung zu dieser Zeit weiß.

Soviel dürfte deutlich geworden sein, Helmar Junghans ist zu der kleinen Gruppe der Kirchenhistoriker zu zählen, die »sich strikte Zurückhaltung in politicis auferlegt« haben wie der im 3. Reich gemaßregelte Hans von Campenhausen. Seine Motive waren jedoch andere als die des um Unabhängigkeit bemühten baltischen Edelmannes.[26] Mit der Verweigerung gegenüber dem System ist außerdem das Verhalten des Kirchenhistorikers Junghans zu einseitig beschrieben. Der Interviewerin Frau Weil hat er auf die Frage, warum er die DDR nicht verlassen habe, geantwortet: »Ich war der Überzeugung, Christus hat mich hierher gestellt. Ich muss hier die Position halten.« Er sei im Ausland tatsächlich gelegentlich gefragt worden, ob er nicht zu ihnen kommen wolle. Darauf habe er stets »nur standardmäßig« erwidert: »Soll man ein so schönes Land den Gottlosen überlassen?«[27] In der Nachfolge seines Lehrers Lau sah er sich verpflichtet, die Leipziger Fakultät als einen Schwerpunkt der internationalen Lutherforschung zu erhalten und auszubauen. Dazu gehörte auch das apologetische Anliegen, der traditionellen ideologisch verengten marxistischen Sicht Luthers und der Reformation mit unpolemischen quellengegründeten Sachbeiträgen zu begegnen. Zu nennen sind hier beispielsweise seine Referate über die Ursachen für Müntzers Glaubensverständnis bei dem Leipziger Bauernkriegsgedenken 1975, über »Untertan sein« bei Luther bei der wissenschaftlichen Lutherkonferenz der Akademie der Wissenschaften 1983 in Halle, über Luther und die Kultur beim Erfurter Internationalen Kongress für Lutherforschung 1983 und über Luthers sozialethisches Denken und Handeln zum Leipziger Kolloquium zur Vorbereitung des Müntzerjubiläums von 1989. Auf die von ihm für 1989 konzipierte Wanderausstellung »Wer war Thomas Müntzer?« ist hier ebenfalls hinzuweisen.[28] Seit kurzem sind auch seine ganz sachbezogenen Äußerungen in den zwanzig Expertengesprächen zwischen kirchlichen und marxistischen Reformationshistorikern der DDR von 1981-1990 nachzulesen, an denen er von Anfang an beteiligt war;

26 Vgl. Adolf Martin RITTER: Vom Glauben der Christen und seiner Bewährung in Denken und Handeln: gesammelte Aufsätze zur Kirchengeschichte. Mandelbachtal u. a. 2003, 292.

27 Weil: Interview … (wie Anm. 7), 156.

28 Helmar JUNGHANS: Ursachen für das Glaubensverständnis Thomas Müntzers. In: Der deutsche Bauernkrieg und Thomas Müntzer/ hrsg. von Max Steinmetz u. a. Leipzig 1976, 143-149; Junghans: Spätmittelalter … (wie Anm. 5), 121-126. 139-153. 127-137. 292-304. [154].

zum Beispiel seine 15 Thesen zur christlichen Freiheit in Luthers Freiheitstraktat von 1520 für das Gespräch am 3. Mai 1985.[29]

Es ist Zeit, hier abzubrechen. Da ich aber mit persönlichen Eindrücken begonnen habe, möchte ich auch mit einer persönlichen Erinnerung schließen. Mit zwei Kollegen war ich als Vorsitzender der Arbeitsgruppe »Thomas-Müntzer-Gedenken« beim Bund der Evangelischen Kirchen in der DDR mit Gaststatus zur konstituierenden Sitzung des Thomas-Müntzer-Komitees der DDR am 11. März 1988 in das Staatsratsgebäude eingeladen worden. Da Gäste bekanntlich zuvorkommend zu behandeln sind, wollte uns Erich Honecker als Vorsitzender persönlich begrüßen. Während die über hundert Mitglieder, zu denen auch Helmar Junghans gehörte, bereits im großen Saal auf ihren vorgesehenen Sitzen Platz genommen hatten, mussten wir in einem kleineren Saal im Obergeschoss wie die leitenden Staatsvertreter mit dem Staatssekretär für Kirchenfragen warten, allerdings in einer anderen Ecke in Türnähe. Honecker hatte sich erheblich verspätet. Plötzlich wurde die große Flügeltür geöffnet. Es trat aber nicht Honecker ein, sondern Helmar Junghans, der offenbar verspätet eingetroffen war und wie selbstverständlich an den überall postierten gut gekleideten jungen Männern die breite Treppe hinauf bis zum oberen Saal gestiegen war. Er war nur kurz irritiert, entdeckte mich, sagte »Ach Bruder Bräuer«, kam heran und begrüße unsere verblüffte kleine Gruppe mit dem Staatssekretär. Da näherte sich mir ein verunsicherter verantwortlicher Ordner und erkundigte sich leise. »Wer ist das denn.« Nachdem ich ihm Bescheid gegeben hatte, ging er zu einem großen Aushang, auf dem alle Sitzungsteilnehmer mit ihrer Platznummer aufgeführt waren. Als er fündig geworden war, geleitete er den Irrläufer höflich hinunter in den großen Saal zu den ordentlichen Komiteemitgliedern. Für mich war dieser kleine Zwischenfall bezeichnend für die Unbekümmertheit von Helmar Junghans. Sie mag durch Veranlagung mit bedingt sein. Ich meine, sie war außerdem tief in der persönlichen Erfahrung verwurzelt.

Vielleicht ist bei meiner Schilderung auch etwas von dem angeklungen, was der sächsische Dichter Thomas Rosenlöcher ahnungsvoll am 3. März 1990 in sein Dresdner Tagebuch »Die verkauften Pflastersteine« notiert hat: »Schon bald werden wir Mühe haben, uns die DDR zu erklären.« Wenn er dann aber fortfährt: »An die neuen Verhältnisse angepasst, werden wir uns fragen, wieso wir uns damals derart anpassen konnten«, so trifft diese Fortsetzung auf Helmar Junghans als Zeitgenossen nur sehr eingeschränkt zu.[30]

29 Dialog über Luther und Müntzer/ hrsg. von Joachim Heise; Christa Stache. Berlin 2011, 164-167; vgl. auch ebd, 37. 45. 47-49. 53 f. 74 f. 77. 79-84. 95. 103-106. 124. 126 f. 130. 133. 148 f. 151. 153. 160-163. 172 f. 176. 193 f. 199. 203. 207. 233.

30 Thomas Rosenlöcher: Die verkauften Pflasterseine: Dresdner Tagebuch. Frankfurt am Main 1990, 96.

Rede anlässlich des Festakts zum 75. Geburtstag im Refektorium des Lutherhauses in Wittenberg am 19. Oktober 2006

Von Helmar Junghans

Meine sehr verehrten, lieben Gäste, liebe Einladende!

Es war für mich eine große und zugleich freudige Überraschung, als ich vor wenigen Wochen erfuhr, daß ich zu meinem Geburtstag mit Ihnen und meiner Familie nach Wittenberg eingeladen bin. Nun überrascht es mich, wie viele meinem 75. Geburtstag ihre Aufmerksamkeit schenken. Ich danke Ihnen und Euch, daß Sie den Weg nach Wittenberg nicht gescheut haben. Mancher ist vielleicht inzwischen schon hungrig geworden. Dennoch bitte ich noch um etwas Geduld. Schließlich habe ich auch 75 Jahre gewartet, ehe ich den heutigen Tag begehen konnte. Und ich werde gewiß jetzt nicht 75 Jahre lang reden, nicht einmal 75 Minuten. Daher kann ich meine Dankbarkeit für dieses Geburtstagsfest auch nur andeuten.

Aber wie vermeide ich den Hanns-Lilje-Effekt? Manche werden ihn schon kennen: Auf einer ökumenischen Tagung sprach ein Japaner ein Grußwort. Es war kein Dolmetscher da. Lilje sprang ein und übersetzte. Als seine Freunde sagten: »Wir wußten gar nicht, daß du Japanisch kannst«, antwortete er: »Was sagt man schon in einem Grußwort?« Also, was sagt man schon in einem Dankeswort? Hier in diesem Haus lasse ich mich von Martin Luthers Tischreden anregen, einiges freimütig aus meinem Leben und meinem Glauben zu erzählen.

Ich stelle ein Psalmwort voran:

> Lobe den Herrn, meine Seele / und was in mir ist seinen heiligen Namen!
> Lobe den Herrn, meine Seele, und vergiß nicht, was er dir Gutes getan hat.

Ich werde nicht damit anfangen, daß ich heute vor 75 Jahren in Geyer im Erzgebirge geboren worden bin, um dann aus meiner Kindheit zu erzählen. Aber etwas ganz Entscheidendes ist zu berichten. Meine Eltern lebten bewußt als Christen und haben mich angehalten, den Kindergottesdienst sowie die Landeskirchliche Gemeinschaft zu besuchen und zu beten. Dafür gedenke ich ihrer in großer Dankbarkeit und danke Gott, daß er mir diese Eltern und durch sie ein tragfähiges Lebensfundament gegeben hat.

Infolge des Zweiten Weltkrieges verlor ich meine Eltern. Mein Vater blieb in Stalingrad, meine Mutter verstarb nach Kriegsende aus Mangel an Lebensmitteln und Medikamenten. Da fand ich ein neues Zuhause in der Familie eines Bruders meines Vaters, um es genauer zu sagen, des einzigen noch lebenden Bruders meines Vaters. Der älteste war im Ersten Weltkrieg gefallen, vier Brüder kehrten aus dem Zweiten nicht zurück. Auch hier kam ich auf einem Bauerngut in eine christliche Familie, die mich liebevoll aufnahm, so daß ich allen Grund habe, ihr bis heute dankbar zu sein.

Im Mai 1945 lösten sich im Erzgebirge Teile des deutschen Heeres auf. Soldaten gingen »stiften«, das heißt, sie warfen ihre Waffen weg und marschierten nach Hause. Für uns Jugendliche waren diese Waffen Spielzeug. Die Besatzungsmacht sah es anders. Am 24. Juli 1947 »holten mich die Russen ab«, wie man das nannte.[1] Allein in einer Gefängniszelle in Annaberg drängte sich mir sogleich die Frage auf: »Will Christus, daß du Pfarrer wirst?« Ich wußte nicht, woher diese Frage kam, aber ich wußte, daß ich das nicht wollte. Und so fand ich dafür einen Grund zur Ablehnung: »Ich kann nicht singen.«

Diese Frage begleitete mich dennoch in den folgenden Hungerjahren. Nach Verurteilung in Chemnitz zu 10 Jahren Arbeitserziehungslager kam ich nach Bautzen. Als 1950 in Sachsenhausen die Gefangenen gewogen wurden, war ich unter 110 mit knapp 50 kg so ziemlich der »Fetteste«, ein Ingenieur neben mir, der mindestens so groß wie ich war, wog 36 kg, hat aber überlebt. Jeder Dritte erlosch einfach, ohne daß die Angehörigen eine Mitteilung erhielten. Ich lernte das Tischgebet: »Lieber Herr Jesus, wenn du willst, kannst du mich auch durch Wasser erhalten.« Und ich begriff, daß es wichtig ist, eine unangreifbare Position – eine Art Archimedischen Punkt für die Seele – zu finden. Dieser lautete für mich:

> »Was auch immer mir Menschen antun, sie können nicht verhindern, daß mich Jesus Christus jeder Zeit von jedem Ort der Erde in seine Herrlichkeit aufnehmen kann.«

Der 11. Februar 1951 war ein entscheidender Tag für mein weiteres Leben. In einer Gefängniszelle in Untermaßfeld habe ich eigene berufliche Pläne aufgegeben. Ich habe mich im Gebet bereit erklärt, auch mit meinem Beruf Christus zu dienen. Über das Wie hatte ich keine Vorstellung. Ich habe es Christus überlassen, mich zu führen, wohin *er* will. Ich habe mich danach um mein Tagwerk gekümmert, die Zukunft aber seiner Fürsorge überlassen. Aber zugleich war ich auch der Gefangenschaft müde und bat Christus, mich von dieser Erde hinwegzunehmen. Er hat es aber anders entschieden. Wenige Wochen danach – nachdem also die Gefangenschaft ihr geistliches Ziel erreicht hatte –, wurde ich Karsamstag 1951 entlassen. Es war wie eine Auferstehung. Seitdem liebe ich das Osterfest und das Lied, das hier im Lutherhaus die uns vertraute Gestalt erhielt:

> Christ ist erstanden, von der Marter alle, / des solln wir alle froh sein,
> Christ will unser Trost sein. / Kyrieleis.

Wenn meine Mutter im Gebet Christus bat, mich zu behüten, sah ich mich durch eine schöne Landschaft hüpfen und laufen. Christus hat ihr Gebet erhört, anders als ich und vielleicht auch als meine Mutter es sich vorstellten. Aber er hat mich

1 Über die Jahre der Haft ausführlicher in dem unten abgedruckten Interview, S. 89-95.

gesund durch stalinistische Lager gebracht, meinen Charakter gefestigt und mich zur Annahme eines sinnvollen Lebens bewegt. Dafür danke ich Jesus Christus.

Von 1951 bis 1955 konnte ich mich in Potsdam-Hermannswerder auf einem kirchlichen Oberseminar auf das Theologiestudium vorbereiten. Ich wurde mit den alten Sprachen vertraut gemacht, was sich an der Universität als sehr förderlich erwies. Dafür danke ich der Evangelischen Kirche der Union.

Als ich mich 1955 in Leipzig zum Theologiestudium bewarb, erhielt ich infolge meiner politischen Vergangenheit keine Zulassung. Aber dann half die sozialistische Planwirtschaft. Zwei Bewerber gaben ihre Zulassung zurück. Um die Planziffer zu erreichen, wurde ich nachimmatrikuliert. Ich könnte stundenlang erzählen, wie günstige Konstellationen im rechten Moment eintraten, die es ermöglichten, daß ich gegen die Absicht der SED-Politiker an der Universität eine Anstellung fand und sogar in die Lehre kam.[2] Ich konnte – wenn auch nur als Dozent – die Aufgaben von Franz Lau übernehmen. Ich danke der Leitung und den Mitgliedern der Theologischen Fakultät, die für mich eingetreten sind und mit denen ich gut zusammengearbeitet habe. Viel Ärger habe ich mir mit dem Trostspruch erspart:

> »Von einem Ochsen kann man nur ein Stück Rindfleisch verlangen.«

Im Institut gab es über 40 Jahre eine gute, harmonische Zusammenarbeit, an der ich auch heute noch Anteil haben darf. Dafür bin ich sehr dankbar; das erstreckt sich auch auf die Einladung zu dieser Geburtstagsfeier, die Erzgebirgskarte und die Gratulationsrede. 1990 fand die staatliche Restriktion ihr Ende. Ich erhielt eine Professur, nachdem – sinnigerweise – ein Lehrstuhl für wissenschaftlichen Kommunismus in einen für Kirchengeschichte des Spätmittelalters und der Reformationszeit umgewidmet worden war.

Martin Luther wurde mein Schicksal. Als Hilfsassistent im Institut für Kirchengeschichte bemerkte ich, daß hier für die »Lutherbibliographie« jährlich Hunderte von Titeln gesammelt wurden. Da war mir klar: eine so uferlose Wissenschaft muß man meiden, um nicht abzusaufen. Aber als Wissenschaftlicher Mitarbeiter seit 1962 gehörte es dann wesentlich zu meinen Aufgaben, die »Lutherbibliographie« herzustellen. Unter meiner Verantwortung sind inzwischen 48.106 Titel veröffentlicht worden. Ich danke allen, die sich an dieser wissenschaftlichen Diakonie beteiligt haben und noch beteiligen. Die Redaktionsarbeit am »Lutherjahrbuch« haben mir viele wissenschaftliche Verbindungen und Freundschaften und die Zusammenarbeit mit der Luther-Gesellschaft gebracht, der ich ebenfalls für diese Gemeinschaft, für die heutige Einladung und das Grußwort danke.

Um 1970 wurde der Theologische Arbeitskreis für Reformationsgeschichtliche Forschung gegründet, um der SED bewußt zu machen, daß das Weltluthertum

---

2 Über die wissenschaftliche Karriere ausführlicher in dem unten abgedruckten Interview, S. 96-98.

Helmar Junghans Anfang der 1990er Jahre

beobachtet, was im Lutherhaus geschieht. Die jährlichen Tagungen haben nicht nur zu einem Gedankenaustausch geführt, sondern auch zu Veröffentlichungen. Ich danke dem TARF für diese jahrzehntelange Forschungsgemeinschaft, welche die staatliche gewollte Isolation überwand.

Begegnungen im TARF haben auch zu Einladungen geführt. Der Züricher Theologischen Fakultät gelang es nach fast dreijähriger Beharrlichkeit, mich 1977 zu einer Gastvorlesung aus der DDR herauszuholen. Danach war es leichter, Tagungen zu besuchen, Vorträge beziehungsweise Vorlesungen zu halten, die mich weit hinaus geführt haben. Es ist schon ein gewaltiger Unterschied zwischen dem Umfang einer Gefängniszelle in Untermaßfeld und dem Umfang des bereisten Raumes zwischen Helsinki, Lund, Oslo, Cambridge (MA), Eugene (OR) an der Nordwestküste der USA, Stanford bei San Francisco, Sáo Leopoldo in Südbrasilien, Rom, Hong Kong und Warschau. Ich danke allen sehr, die sich von den Reisevorschriften der DDR nicht haben abschrecken lassen, diese Reisen zu organisieren.

Wittenberg beschäftigt mich seit 40 Jahren, zunehmend das Lutherhaus, in dem wir meinen 75. Geburtstag feiern dürfen. Dafür danke ich ganz besonders, ebenfalls für die Begrüßungsrede, den Anfang einer digitalen Lutherbibliographie, die alle Titel seit 1925 erfassen soll, und die Argumente für den Thesenanschlag. Die Ehrenurkunde des Oberbürgermeisters der Lutherstadt Wittenberg ist eine freudige Überraschung, für die ich dankbar bin.

Meine Lutherforschung hat mich auch der Sächsischen Akademie der Wissenschaften zu Leipzig empfohlen, die mich 1995 aufgenommen, mir editorische Aufgaben anvertraut, mich für heute mit eingeladen und in einem ausführlichen Gratulationsbrief geehrt hat. Dafür danke ich ihr.

Last not least: Eine Schwester meiner Großmutter mit Namen Sarah bedauerte, wie es mir in meiner Jugend ergangen war, und wünschte: »Wenn dr Gott naar wenigstens e gute Fraa gaabn tet.« Ihr Wunsch ist in Erfüllung gegangen. 1960 habe ich eine sächsische Pfarrerstochter geheiratet. Sie hat eine Tochter und vier Söhne zur Welt gebracht und aufgezogen. Sie hat vieles von dem, wozu mir heute gratuliert worden ist, ermöglicht, an manchem auch mitgearbeitet. Daher will ich Dir, Thekla, hier in aller Öffentlichkeit dafür danken, wie Du dein Leben mit meinem geteilt und mich treu, liebevoll und hilfreich begleitet hast. Aber auch meinen Kindern, meiner Schwiegertochter und meinen Enkeln, auch weiteren Verwandten, danke ich für ihre Hilfe und ihre Freude, die sie mir bereitet haben und noch bereiten. [Thekla überreiche ich als Zeichen meiner Dankbarkeit und Liebe unter Beifall der Gäste einen Rosenstrauß.]

Wer weiß, wie wenig selbstverständlich ist, entdeckt viel, wofür er danken kann. Aber trotzdem bewegt nicht alles, was uns widerfährt, zum Danken. Manches drängt uns auch, Gottes Hilfe anzurufen, wenn wir sehen, welche Schwierigkeiten Kinder und Enkel in der Schule, in ihrem Studium, in ihrer wirtschaftlichen Entwicklung oder im Einüben eines gemeinsamen Lebens in ihrer Ehe haben. 1986 verunglückten unsere Söhne und Brüder Eckhard und Sieghard in der Hohen Tatra tödlich. Das sozialistische Bildungssystem hatte sie ausgegrenzt, so daß sie Zeit für eine Winterbesteigung hatten. Unsere Schwiegertochter Konstanze verstarb 1999 mit 39 Jahren. Es ist nicht zu begreifen, warum diese Drei uns so jung verlassen mußten. Wir müssen uns damit begnügen, dankbar dafür zu sein, daß sie überhaupt unser Leben bereichert haben. Konstanze hat uns eine Enkelin und einen Enkel hinterlassen, wofür wir sehr dankbar sind.

Am 2. Juni dieses Jahres erlitt ich einen Herzinfarkt, der sich am 8. und 12. Juni wiederholte. Da drängte sich die Frage auf: Wie oft halte ich das aus? Wichtiger aber war, daß sich ohne mein Zutun wieder ein Archimedischer Punkt einstellte. Ganz von allein durchzog fortwährend mein Denken der Anfang des Kirchenliedes

> »Was mein Gott will, gescheh allzeit, / sein Will, der ist der beste.«

Das hat mir das Gefühl der Geborgenheit und eine große Gelassenheit gegeben, die Entwicklung der Krankheit und der Heilungsanstrengungen zu verfolgen. Gibt es dafür etwas zu danken? Ja, eine ganze Menge. Ich danke Gott, daß ich erst in meinem 75. Lebensjahr erstmals ein Krankenhausbett aufsuchen mußte. Ich danke den Ärzten, Schwestern und Pflegern, die mich betreut haben. Vor allem danke ich meiner Frau und unseren Kindern, die sich um mich gesorgt und die Bemühungen der Ärzte wirkungsvoll begleitet haben und begleiten. Und ich danke allen, die für mich ihre Hände gefaltet und gebetet haben. Wer von einer schweren Krankheit geschwächt ist, hält es leicht nicht mehr für wichtig, noch weiter zu leben. Ich möchte daher auch denen danken, die mir gesagt haben, daß ich noch gebraucht werde und diese Welt noch nicht verlassen soll. Ich bin dankbar für die Genesung, die ich erlebe. Letzten Sonntag bin ich – nicht so schnell wie früher, aber ohne mich anzustrengen – 55 km geradelt. Ich kann unbehindert meine geistige Arbeit leisten. Vor allem danke ich aber heute meinem Herrn, daß ich meinen 75. Geburtstag hier unter Ihnen und Euch feiern kann. Das war keineswegs selbstverständlich. Für Werner Elert wurde eine Festschrift zu seinem 70. Geburtstag vorbereitet. Sie mußte im Jubiläumsjahr 1955 als Gedenkschrift erscheinen.

Habe ich am 11. Februar 1951 eine gute Entscheidung getroffen, als ich Christus mein ganzes Leben anvertraute und mich begnügte, die täglichen Aufgaben zu lösen? Er hat mich aus der Zellenenge weit in die Welt hinausgeführt, in einem sozialistischen Staat hinter der Mauer und außerhalb von ihr Freunde geschenkt, denen ich sehr vieles verdanke. Er hat mir Martin Luther zum Lehrer gegeben. Umfangreich konnte ich mich seinem Leben und Werk widmen, mich in sein Denken und seinen Glauben vertiefen. Das hat mich beglückt und reichlich beschenkt sowie viele Wirkungsmöglichkeiten eröffnet. Bedrückende Erfahrungen haben den Glauben an Jesus Christus vertieft. Es war also eine heilsame Entscheidung, für die ich ihn zu meinem 75. Geburtstag aus tiefstem Herzen preise:

> Lobe den Herrn, meine Seele / und was in mir ist seinen heiligen Namen!
> Lobe den Herrn, meine Seele, und vergiß nicht, was er dir Gutes getan hat!

Interview mit Helmar Junghans am 3. März 2010

(Zusammenfassung)

Von Lenore Lobeck

Im Zusammenhang mit meiner Forschungsarbeit über im Landkreis Schwarzenberg im Zeitraum 1945 bis 1950 vorgenommene Verhaftungen fand ich beim Aktenstudium im Bundesarchiv Berlin in einer undatierten Liste der Strafvollzugsanstalt Untermaßfeld über vorgesehene Begnadigungen unter der laufenden Nummer 651 den folgenden Eintag:

> »J u n g h a n s Helmar, geb. am 19.10.31 wohnhaft in Affalter bei Aue, Obere Hauptstr., wurde am 23.7.47 im Alter von 16 Jahren wegen verbotenen Waffenbesitzes verhaftet und im gleichen Jahre vom SMG [sic!] 61531 zu 10 Jahren Freiheitsentzug verurteilt. Er ist gesund und seine Führung in der Strafanstalt ist gut. Einzelheiten über seine Person und über seine Angehörigen sind nicht bekannt. Im Hinblick auf sein jugendliches Alter z. Zt. der Straftat und der bereits verbüßten Strafzeit von mehr als drei Jahren wird eine Begnadigung vorgeschlagen.« (DY 30/IV2/13/428, S. 203).

Angemerkt sei, dass er bei seiner Festnahme und Verurteilung tatsächlich erst 15 Jahre alt war.

Im Telefonbuch fand ich nur einen Eintrag dieses Namens: Prof. Dr. Helmar Junghans in Leipzig. Nach einem kurzen Briefwechsel zur Verständigung, ob er der ehemalige Häftling aus Untermaßfeld sei, kam es am 3. März 2010 zu einem Gespräch in seiner Leipziger Wohnung, in dem er mir ausführlich über seine Haftzeit berichtete. Es folgt meine nach dem Gespräch angefertigte stichpunktartige Zusammenfassung.[1]

Helmar Junghans, am 19. Oktober 1931 als Sohn eines Kraftfahrers in Geyer geboren, lebte bis zum 14. Lebensjahr in Geyer; vier Jahre Volksschule daselbst, ab Klasse 5 Besuch des Gymnasiums im Nachbarort Thum; sein Vater, seit 1937 selbständig, wurde im August 1939 mit seinem Kraftwagen zur Wehrmacht einberufen, nahm am Russlandfeldzug teil, ist seit 1941 vermisst.

Das Kriegsende erlebte Junghans in Geyer; drei Tage Durchzug rückkehrender deutscher Soldaten, von Marienberg kommend, in Richtung Westen; am 8. Mai 1945 stand auf dem Markt in Geyer eine Panzerabwehrkanone mit zwei jungen Soldaten, die bitterlich weinten – ein Bild, das sich ihm als Sinnbild für die Sinnlosigkeit des Krieges einprägte.

1 Für die Veröffentlichung wurde diese Zusammenfassung durch den Bandherausgeber unter Heranziehung des Tonmitschnitts redigiert und durch Passagen zum Bildungsgang und zur Laufbahn von Helmar Junghans an der Theologischen Fakultät der Universität Leipzig, die weniger im Mittelpunkt des ursprünglichen Interesses der Interviewerin lagen, ergänzt.

-175-

650. [redacted] geb. am 17.12.3o in Brederaiche, wohnhaft in Fürstenberg/Mecklenburg, wurde am 27.6.47 im Alter von 16 Jahren wegen Diebstahls von sowjetischen Staatseigentums verhaftet und am 2o.8.47 vom SMG Ravensbrück 12o161 zu 10 Jahren Freiheitsentzug verurteilt. Er ist gesund und seine Führung in der Strafanstalt ist zufriedenstellend. Er war Schüler an einer Oberschule. Weitere Einzelheiten über seine Person und seine Angehörigen sind nicht bekannt. Im Hinblick auf sein jugendliches Alter z.Zt. der Straftat und der bereits verbüßten Strafzeit von mehr als drei Jahren wird eine Begnadigung vorgeschlagen.

651. J u n g h a n s , Helmar, geb. am 19.1o.31 wohnhaft in Affalter bei Aue, Obere Hauptstr., wurde am 23.7.47 im Alter von 16 Jahren wegen verbotenen Waffenbesitzes verhaftet und im gleichen Jahre vom SMG 61531 zu 10 Jahren Freiheitsentzug verurteilt. Er ist gesund und seine Führung in der Strafanstalt ist gut. Einzelheiten über seine Person und über seine Angehörigen sind nicht bekannt. Im Hinblick auf sein jugendliches Alter z.Zt. der Straftat und der bereits verbüßten Strafzeit von mehr als drei Jahren wird eine Begnadigung vorgeschlagen.

652. [redacted] geb. am 22.5.28 wohnhaft in Malchow/Mecklbg., Mühlenstr. 30, wurde am 6.9.45 im Alter von 17 Jahren wegen Beteiligung an einer Untergrundorganisation verhaftet und am gleichen Tage vom SMT Güstrow 75237 zu 10 Jahren Arbeitslager verurteilt. Er ist gesund und seine Führung in der Strafanstalt ist gut. Einzelheiten über seine Person und über seine Angehörigen sind nicht bekannt. Im Hinblick auf sein jugendliches Alter und z.Zt. der Straftat und der bereits verbüßten Strafzeit von mehr als fünf Jahren wird eine Begnadigung vorgeschlagen.

653. [redacted] geb. am 15.2.32, wohnhaft in Grimma/Sachsen, Paisches Tor 1, wurde am 13.6.48 im Alter von 16 Jahren wegen Diebstahls verhaftet und am 13.7.48 ,

Auszug aus der Liste der Strafvollzugsanstalt Untermaßfeld über vorgesehene Begnadigungen (BA Berlin, DY 30/IV2/13/428, 203)

Nach Kriegsende für ihn und seine Mutter »eine ausweglose Situation«, die Mutter erhielt kein Geld, lediglich Lebensmittelmarken, bei Nachfragen um Unterstützung hieß es: »Hättet Ihr doch Eure Männer nicht in den Krieg gelassen«. Er musste mitunter bei Bauern betteln gehen oder half bei Verwandten in der Landwirtschaft. September 1945 Tod seiner Mutter und Umzug nach Affalter zu seinem Onkel, einem Landwirt und Bruder des Vaters, dem einzig Überlebenden von sechs Geschwistern – fünf waren in den beiden Weltkriegen gefallen.

1946 Konfirmation und Schulabschluss in Affalter. Sein Wunsch in diesen unruhigen Zeiten im Hinblick auf einen Beruf war, ein Handwerk zu erlernen. Er schloss einen Lehrvertrag für eine Elektrikerlehre ab, besuchte auf Anraten seines Klassenlehrers jedoch dann die Oberschule in Aue.

Von durchziehenden Soldaten weggeworfene Waffen und Munition lagen nach Kriegsende massenweise in den Wäldern, sie übten eine Faszination auf Jungen aus, die sie sich aneigneten. Er besaß eine im Wald bei Affalter gefundene Pistole, brachte sie zum Funktionieren und probierte sie heimlich im Wald aus, versteckte sie gut im Wohnzimmerschrank unter doppeltem Boden. Seine Schulfreunde aus Geyer besaßen ebenfalls gefundene Waffen und Munition; einer der Freunde aus Geyer reparierte sie, und die Jungen tauschten ihre Fundstücke untereinander, er erhielt zu seiner Freude einen Karabiner. Sehr viele Jungen besaßen gefundene Waffen, obwohl sie wussten, dass es verboten war, aber: »das hat einen nicht interessiert«, oder es war der Reiz des Verbotenen neben den nicht ernst genommenen Strafandrohungen. Er erwog, einen Fuchs zu schießen, um seiner Cousine zu einem Pelz zu verhelfen, was aber nicht gelang.

Dem Vater des Jungen aus Geyer, der die Waffen reparierte, war das Tun seines Sohnes unheimlich, und er meldete, den Befehlen gehorchend, vermutlich die Folgen nicht ahnend, den Waffenbesitz bei der Ortspolizei. Polizisten aus Geyer beschlagnahmten die Waffen, bestellten den Jungen aufs Polizeiamt und übergaben ihn der sowjetischen Militärbehörde. Nach Verhören und durch Verrat eines Dritten wurden weitere Jungen festgenommen. Einer der nunmehr festgenommenen Freunde erzählte – eventuell den Versprechungen bei den Verhören glaubend, dass er frei käme, wenn er alles ehrlich berichtete –, dass er mit Junghans das Gewehr getauscht habe. Infolgedessen wurde Junghans 1947 in dem von Geyer einige Kilometer entfernten Affalter im Hause seines Onkels von einem deutschen Polizisten und drei Angehörigen des sowjetischen Militärs festgenommen.

Es folgten Transporte nach Annaberg und anschließend nach Chemnitz/Kassberg. Anfangs saß er in Einzelhaft und wurde mehrmals verhört, wobei er einmal geschlagen wurde. Nervenaufreibend war die Frage nach Mitwissern, vor allem Fragen nach Erwachsenen. Er verriet seinen Onkel, der von seiner Waffe gewusst hatte, nicht; um sich bei den harten Verhörmethoden nicht zu verplaudern, sprach er in der Zelle, sich selbst beeinflussend, immer wieder: »Wie gut, dass mein Onkel das nicht wusste«. Er litt darunter, dem Onkel, der ihn aufgenommen hatte, so viele

Sorgen zu bereiten. Er musste in russischer Sprache geschriebene Protokolle unterschreiben, obwohl er sie nicht lesen konnte.

Am 10. Oktober 1947 Prozess in Chemnitz: Er erinnert sich an weitere acht Personen aus Geyer, die mit ihm verurteilt wurden. Einer von ihnen hatte 1945 einen Freund beim Spielen mit Waffen schwer verletzt oder gar getötet, war in Jugendhaft gekommen; wieder freigelassen, vergrub dieser sein Gewehr, weil er nichts mehr damit zu tun haben wollte. 1947 wurde er mit dem Freundeskreis erneut festgenommen, man suchte und fand das vergrabene Gewehr, alle Erklärungen der Reue blieben unerhört; dieser Freund überlebte die Haft nicht. Anklagepunkte gegen Junghans: unerlaubter Waffenbesitz, illegale Gruppenbildung und Kampf gegen die Rote Armee. Er bekannte sich zum Waffenbesitz, nicht aber zur Gruppenbildung. Bis zur Verhandlung hatte er keine Ahnung, was ihn erwarten wird. Urteile: Er und zwei weitere Angeklagte wurden wegen Waffenbesitzes zu zehn Jahren Freiheitsentzug verurteilt, die anderen, denen zusätzlich Bildung einer Untergrundorganisation vorgeworfen wurde, zu 25 Jahren.

Auf die Frage, wie schockierend ein solches Urteil wirkte, das die ganze Jugend raubt, sagte er, nach den Erfahrungen in der U-Haft sei man auf alles gefasst gewesen, selbst auf den Tod: »Das Strafmaß und die Strafbedingungen, die waren unmenschlich.«

Während der Verhöre warf ihn der Gedanke, »dass das eine unendliche Gefangenschaft wird mit unsicherem Ausgang«, regelrecht um und brachte ihn bitterlich zum Weinen. Einer der als scharf geltenden Wärter, der ihn so sah, übte seitdem Nachsicht mit ihm, wenn er tagsüber verbotenerweise auf der Pritsche lag. Es gab auch Selbstmorde in der Haftanstalt. Verlegung in eine Zelle mit einem frisch gestrichenen Ölsockel, in den er mit einem Nagel einkratzte: »Kommt her zu mir alle, die Ihr mühlselig und beladen seid, ich will euch erquicken.« Als der Posten das sah, holte er sofort den Offizier, einen älteren Herrn, der nach der Bedeutung des Gekritzels fragte. Junghans antwortete: »Es ist ein Trostwort Jesu.« Der Offizier ließ es bei einer Rüge und dem Hinweis, das nicht wieder zu tun, bewenden.

Kurz nach seinem 16. Geburtstag nachts Transport im Gefängniswaggon – ein Bahnwagen, eingeteilt in Einzelzellen, in denen sie zu dritt oder viert eingesperrt waren – ab Chemnitz Hauptbahnhof nach Bautzen. Sie wussten nicht, wohin sie fuhren, ahnten nichts Gutes. Gesagt wurde – um den Transport ruhig zu halten –, sie kämen in ein Arbeitslager, könnten Geld verdienen und es gäbe ein Kino. In Bautzen kam er in den Ostflügel des Hauptgebäudes, zuerst in eine Zelle mit 25 Gefangenen, doppelstöckige Pritschen, getrennt von den Freunden aus Geyer. Er lag oben am Fenster, hatte den kältesten Platz, aber ein bisschen frische Luft, eine Decke hatte er von zu Hause, die sollte er bei der Verhaftung mitnehmen.

Er hatte bei der Festnahme seinen Anzug angezogen, den ihm die Russen in Bautzen für alte Kleider und zehn zusätzliche Tagesrationen Brot abkauften. Das Brot verteilte er unter die meist älteren hungrigen Mitgefangenen und erhielt es im

Laufe der Zeit stückweise zurück, was für alle und in jeder Hinsicht besser war: das »Filzkommando« konnte nichts finden, und das Essen des Brotes auf einmal wäre nicht bekömmlich gewesen. Hofgang, das hieß im Kreis gehen bei Redeverbot. Er erlebte, dass ein Häftling, von dem es hieß, er habe an Partisaneneinsätzen teilgenommen, vom Hofgang abgehalten und später zusammengeschlagen in der Zelle gefunden wurde. Er überlebte. Junghans kann sich aber vorstellen, dass es auch Totschlag gegeben haben könnte. Durch den Vorfall wurden ihm die Behandlungsmethoden bewusst: »Es ist jederzeit möglich, dass du so behandelt wirst. Das hing immer in der Luft.«

Aus kleinen Schieferstücken schliffen sie Messer, aus Leitungsresten Nadeln. Es wurde aus nichts fast alles gefertigt. Besitzen durfte Häftlinge nichts, es gab regelmäßige Kontrollen, einzig Schachfiguren waren geduldet. Bis Weihnachten 1947 durchlief er drei verschiedene Säle mit bis zu 400 Personen, die Säle waren in Blöcke mit Schlafstellen eingeteilt, 25 Gefangene schliefen in einer Reihe auf den blanken Brettern, zuletzt in Saal 5. Er hörte von der hohen Todesrate im Frühjahr 1947. Häftlinge zählten ca. 20 Tote, die pro Nacht verladen wurden.

Anfang Februar 1949 Verlegung nach Sachsenhausen, was er Bautzen gegenüber als eine Verbesserung empfand: Unterbringung in Baracken, innen ein großer Raum, rechts Pritschen in drei Etagen für ca. 110 Personen, im mittleren Trakt Toiletten und Waschgelegenheiten, Baracken voneinander durch Stacheldraht getrennt, Einteilung in Bataillone, freies Umhergehen im ganzen Lager nicht möglich. Internierte und Verurteilte waren voneinander getrennt. Haare wurden rasiert, er meinte, die Internierten durften die Haare stehen lassen, die Verurteilten erst seit 1949; es kursierte damals die Meinung, dass die Internierten ein wenig besser behandelt würden. Später gab es Zigaretten und Zeitungen. In beiden Lagern wurden Kleider entlaust, während die Gefangenen »duschten«, was hieß, sich auf Kommando einzuseifen und zu dritt bei sporadischem Wasserlauf unter einer Dusche zu stehen. Das Ungeziefer wurden sie nicht los. Die sandhaltige Tonseife taugte nicht zum Waschen, aber zum Formen von Schachfiguren. Er war einer von zwei Jugendlichen unter vielen Familienvätern. Er strickte und häkelte in beiden Lagern Kopfbedeckungen aus aufgetrennten Teilen mit aus Kabel gefertigten Nadeln. Das Essen war überall zu wenig und schlecht, Weißkrautbrühe mit »verirrten Graupen«, ewiger Hunger. Er durfte das Essen austeilen, was ihm am Ende, beim Auskratzen des Essenskübels, ein bisschen mehr bescherte. Mit knapp 50 kg Körpergewicht war er »einer der Fettesten«.

18. Geburtstag in Sachsenhausen: Ein einziger von 110 Mann aus seiner Baracke, ein Traktorfahrer, durfte arbeiten, er wurde früh geholt und abends zurückgebracht; zu seinem Geburtstag brachte er ihm von draußen Astern mit. Nie wieder hat ihn ein Blumenstrauß so bewegt.

Februar 1950: Übergabe an die DDR-Justiz in Untermaßfeld [ehem. Schloss, schon seit 1813 Gefängnis], Transport in Güterwagen mit je 50 Personen, immer wieder lange Aufenthalte auf Abstellgleisen, ewig dauernde Zugfahrt; unter strengster deutscher bewaffneter Bewachung zu Fuß vom Bahnhof in die Strafvollzugsanstalt. In Untermaßfeld arbeitete er in der Tischlerei bei der Kistenherstellung; wenn nicht genug Nägel vorhanden waren, fertigten sie welche aus dem Blitzableiter. Untergebracht war er in einer Zelle mit zehn Mann, unter anderem mit dem Koch Horst Meinel,[2] der sah, wie dürr er war, und ihm Arbeit in der Küche verschaffte. Die Küchenarbeit half ihm zu überleben. Nach ca. acht Monaten endete diese Vergünstigung, weil von einigen Küchenarbeitern ein Fluchtplan, an dem Junghans nicht beteiligt war, ausgeheckt worden war. Der Fluchtversuch wurde wegen Verrats nicht ausgeführt. Dennoch kam auch Junghans in Einzelhaft. In der Zelle wurde unter der Matratze die Westberliner Zeitung »Telegraph« mit einem Bericht über Lager in der DDR gefunden. Wie sie dort hinkam, weiß er bis heute nicht; wurde ihm aber zum Glück nicht zum Verhängnis.

Nach Ende der Einzelhaft wurde er als Kalfaktor eingesetzt, als solcher sollte er den Befehl geben, dass es verboten ist, Kassiber hinauszuwerfen, was ihm sehr schwer fiel. Deshalb formulierte er die Anweisung so: »Wisst Ihr, Kameraden – es fällt manchmal Papier aus dem Fenster, und das sieht wirklich schlecht aus … passt doch auf, dass das nicht mehr passiert.«

Es gab Ereignisse, die auf Verrat schließen ließen. So wurde Misstrauen gesät, er kam durch ein solches Ereignis – Beschuldigung, er hätte sich zu viel Essen genommen – nochmals in Einzelhaft, wo er sich mit Mathematik die Zeit vertrieb. Einen Stift fertigte er aus aufgeweichter Zahnseife, die er in einem Strohhalm der Matratze trocknen ließ.

In der Karwoche 1951 kam ganz unerwartet die Mitteilung der Entlassung. Ca. 120 Mann wurden aufgerufen: Dusche, Rasur und frische Sachen; sie erhielten eine Fahrkarte. Von verdientem Geld wurden die Kosten, auch die der Fahrkarte, abgezogen, der Rest ausgezahlt. Am Gründonnerstag plötzliche Unterbrechung der Entlassungsvorbereitungen, einige wurden wieder zurückgerufen; er kam frei. Die Mitteilung des Kommandanten zur Freilassung wurde von den Gefangenen völlig reglos aufgenommen, kein Freuden- oder Dankbarkeitslaut, was den Offizier, der vielleicht Freude erwartet hatte, sehr nervös machte. Es herrschte völlige Stille, was ihn mit Stolz auf seine Leidensgenossen erfüllte: »Bei dieser Verbrecherbande gibt's nichts zu bedanken.« Entlassung am Karsamstag 1951.

Ankunft mit Zug in Aue am sehr späten Abend, per Anhalter und zu Fuß bis Affalter. Zu Hause klopfte er ans Fenster und rief den Onkel. »Da kam ein schlaf-

2 Nebenbemerkung von Junghans zu dieser Person: Meinel war schon in der NS-Zeit in Sachsenhausen, weil er geäußert hatte, es lebe sich überall besser als in Deutschland. Nach Kriegsende kam er wieder in Haft wegen angeblichem Transport von Waffen, die sich, wissentlich oder unwissentlich, unter seinen Glas- und Apothekenwaren-Transporten befanden, d. h. ein Leben von 1938 bis 1950 mit kurzer Unterbrechung in Sachsenhausen.

trunkener Mensch ans Fenster und stellte die tiefsinnige Frage: ›Willste rein?‹« Der Onkel dachte, es sei der Wismutkumpel, der klopfte. Große Freude und Überraschung, er hatte gesagt bekommen, die Angehörigen seien benachrichtigt worden, was aber nicht stimmte. Sein Onkel wusste bis zur ersten Schreiberlaubnis, Ostern 1949, nichts über das Schicksal des Neffen.

Nach der Entlassung hatte er anfangs Arbeit in der Landwirtschaft des Onkels. Im Gefängnis war der Wunsch gewachsen, eine Arbeit innerhalb der Kirche zu ergreifen, er vertraute auf die Hilfe Gottes, der ihm in der schweren Zeit beigestanden hatte. Wörtlich Junghans[3]: »Gleich als ich verhaftet wurde, dachte ich: warum lässt Christus das zu? Soll ich Pfarrer werden? Erst dachte ich, ich kann nicht singen, das kommt für mich nicht in Frage.« Im Februar 1951 fiel aber der Entschluss, irgendwie im Rahmen der Kirche tätig zu werden, ohne eine Vorstellung von der Ausbildung zu haben. »Aber ich habe dann das Gefühl gehabt: Christus führe mich, und wohin Du mich stellst, da arbeite ich«.

Als er nach Hause kam, besuchte er seinen alten Englischlehrer. In seinem Elternhaus war das Erlernen von Fremdsprachen nicht möglich gewesen, weshalb er Privatunterricht bei Gymnasialprofessor Henschel erhalten hatte. Dieser vermittelte jetzt den Kontakt zu dem späteren Pfarrer Christoph Richter,[4] mit dem er nach West-Berlin an die Kirchliche Hochschule fuhr. Wegen fehlender Lateinkenntnisse und wegen des nicht abgelegten Abiturs verwies ihn der Rektor an den Ostberliner Sprachenkonvikt. Dort wurde nicht das Abitur, aber ein Beruf verlangt. Junghans: »Wenn ich erst einen Beruf lernen muss, dann kann ich auch das Abitur machen«. So kam es zu der Entscheidung, an das von der Berlin-brandenburgischen Kirche geleitete Oberseminar in Potsdam-Hermannswerder zu gehen, wo man das Abitur für das Theologiestudium nachholen konnte. Dieses Abitur war sogar vom Staat anerkannt. Voraussetzung war, dass an der Abschlussprüfung der Dekan der Theologischen Fakultät in Berlin teilnahm.[5] Der Seminarleiter nahm Junghans nach improvisierter Aufnahmeprüfung an. Die 60 Mark Kosten für das Internat im Monat wollte der Seminarleiter selbst beschaffen.

Die Ausbildung dauerte vier Jahre, in denen vier Jahre Latein, drei Jahre Griechisch und zwei Jahre Hebräisch gelernt wurden. 1955 Bewerbung in Leipzig als seiner »Landesuniversität«: »Damals hatte ich noch die Vorstellung, da kann ich mich richtig mit dem Marxismus auseinandersetzen. Und wenn es da nichts ist, dann wird sich Christus drum kümmern, wo ich studieren kann.« In der Zwi-

---

3 Es folgen die in Anm. 1 genannten, vom Herausgeber nach dem Tonmitschnitt eingefügten Passagen zum Bildungsgang nach der Haftentlassung und zur wissenschaftlichen Karriere (bis S. 98 unten).

4 Christoph Richter (*1931), 1955 Pfarrer Schneeberg, 1958 Großhartmannsdorf, 1976 Albernau, 1985 Bernsbach, 1990 Olbernhau.

5 Walter Elliger (1903-1985), 1934 ord. Prof. für Kirchengeschichte Kiel, 1936-1939 und 1947-1950 Greifswald, 1950 Humboldt-Universität Berlin, 1964-1976 Bochum.

schenzeit Arbeit in der Landwirtschaft seines Onkels, nach der Ernte noch immer keine Nachricht aus Leipzig. »Hab ich mich früh um vier aufs Fahrrad gesetzt in Affalter und bin nach Leipzig geradelt«. Er stellte sich im Rektorat vor, wo ihm gesagt wurde, dass er nachimmatrikuliert werde. Damals erfuhr er, dass er wegen seiner Verurteilung nicht zugelassen werden sollte, dass die Theologische Fakultät aber darauf bestand, weil er die Sprachen gelernt hatte. Die Fakultät hatte eine Ablehnung verhindert. Da zwei Zugelassene ihre Zulassung zurückgegeben hatten und da in der DDR der Plan erfüllt werden musste, kam er auf diese Weise »sozialistisch« zum Studium.

Junghans wurde Hilfsassistent in der Kirchengeschichte, dann wollte Franz Lau[6] ihn zum Assistenten haben, »aber das wollte die andere Seite nun gar nicht«. Junghans legte 1960 das Examen ab, dann Lehrvikariat und Abschluss der Ausbildung in der Sächsischen Landeskirche, während Lau für ihn kämpfte. Lau war »erfahren im Kirchenkampf aus der vorhergehenden Regierung aus den dreißiger Jahren«. Nach 1989 erhielt Junghans von einem ehemaligen Studenten aus Leipzig, der in den Westen geflohen war und inzwischen in Frankreich lebte, Kopien zugeschickt. Darin war ein Brief aus dem Ministerium an den Prorektor in Leipzig, aus dem hervorging, dass Lau in Berlin war und eine Assistentenstelle verlangte, wofür er wieder Junghans vorschlug. Das Ministerium hatte aber einen anderen Kandidaten im Blick, der sich später als IM herausstellte. Aber Lau war klug genug, so zu tun, als wären da keine politischen Hintergründe, und er hatte eine wunderbaren Vorwand, diesen anderen Kandidaten abzulehnen, nämlich dessen schwache Lateinkenntnisse: »Latinum 4! Bei aller Freundlichkeit, Latein 4 in der Kirchengeschichte, das geht einfach nicht.« Auf den Vorschlag, eine dritte Person zu nennen, ging Lau nicht ein.

Günstige Umstände wie das Ausscheiden einer fanatischen Marxistin aus der Marxismusgruppe der Theologischen Fakultät wegen eines Nervenzusammenbruchs, das Gutachten eines Leipziger Prorektors (Historiker)[7], der über Sekten im Spätmittelalter gearbeitet hatte und der mit Lau durch fachliche Zusammenarbeit bekannt war, sowie ein von Lau in Auftrag gegebenes Gutachten der Leipziger Juristenfakultät, das feststellte, dass die von der sowjetischen Militäradministration verhängten Urteile nichtig seien, kamen Junghans zugute. Der Dekan der Juristischen Fakultät der Karl-Marx-Universität war damals ein evangelischer Christ

6 Franz Lau (1907-1973): Pfarrer, Landessuperintendent und Kirchenhistoriker. Kolloquium zu Leben und Werk am 22. Juni 2007 in der Sächsischen Akademie der Wissenschaften zu Leipzig/ hrsg. von Markus Hein; Helmar Junghans (HCh Sonderbd.; 17), Leipzig 2011. [051].

7 Ernst Helmut Werner (1920-1993), röm.-kath.; 1969-1986 ord. Prof für Allgemeine Geschichte an der Sektion Geschichte der Karl-Marx-Universität Leipzig; 1960-1964 Prorektor der Karl-Marx-Universität Leipzig, 1967-1969 Rektor.

und zugleich Mitglied der Landessynode[8] gewesen. Dies war nur möglich, weil er Halbjude war und deshalb als Verfolgter des Naziregimes galt. Nachdem sie alle anderen entlassen hatten, wurden auch Fachleute benötigt, um die Juristenfakultät wieder aufzubauen. Dieser Dekan verfasste das Gutachten. Bei einem Polit-Dekan wäre das Gutachten vielleicht ganz anders ausgefallen.

Als Hindernis für die Berufung von Junghans wurde jetzt das fehlende Geld angeführt. Da ging eine Professorin in den Westen[9]. Weil auch der Alttestamentler Hans Bardtke[10] einen Assistenten brauchte, kam man auf die Idee, aus der freien Professorenstelle zwei Assistentenstellen zu machen. Nur auf diesem Weg war es möglich, dass Junghans im Windschatten des alttestamentlichen Assistenten ebenfalls auf eine Stelle kam. Zufälle? Vom Glauben her als Fügung zu verstehen! »Aber dann machten sie mich nicht zum Assistenten, sondern zum Wissenschaftlichen Mitarbeiter.« Diese Wissenschaftlichen Mitarbeiter wurden damals neu eingeführt. Lau hat getobt und meinte, den Junghans lassen die niemals in die Lehre. Junghans hat unterdessen das Lutherjahrbuch und die Lutherbibliographie bearbeitet, zunächst als Redakteur, später 38 Jahre lang als Herausgeber. »Also ich war da voll beschäftigt. Habe das auch mit Akribie gemacht, mit erzgebirglicher Gründlichkeit.« Als Wissenschaftlicher Mitarbeiter war er im Unterschied zu den Assistenten unbefristet beschäftigt, konnte »vor sich hin forschen« und blieb zudem von den politischen Belehrungen unbehelligt, die Assistenten über sich ergehen lassen mussten. Er war später zwar ein- oder zweimal mit dabei, gehörte aber eigentlich nicht dazu.

Während des krankheitsbedingten Ausfalls von Franz Lau wurde Junghans vor dem Frühjahrssemester 1970 von Sektionsdirektor Hans Moritz[11] gefragt, ob er an Stelle Laus Kirchengeschichte des Mittelalters lesen und das Hauptseminar halten könne. »Das war im ganzen Leben meine einzige Chance. Ich hatte mir als Student von Albert Hauck die fünfbändige Kirchengeschichte Deutschlands gekauft, was für mich viel Geld war. Und weil ich sie nun bezahlt hatte, hatte ich sie auch durchgearbeitet. Es gab kein Gebiet in der Kirchengeschichte, wo ich so schnell einsteigen konnte wie im Mittelalter. Wenn ich Dogmengeschichte als erstes hätte lesen müssen, ich hätte es nicht gekonnt.« So nahm Junghans als Wissenschaftlicher Mitarbeiter die Professur Laus wahr. Dann stellte sich heraus, dass Lau überhaupt

8 Erwin Jacobi (1884-1965), evang.-luth.; 1920-1933 und 1945-1958 ord. Prof für Öffentliches Recht, Kirchenrecht und Arbeitsrecht an der Juristenfakultät der Universität Leipzig; 1925-1926 und 1949-1958 Dekan der Juristenfakultät der Universität Leipzig; 1947-1948 Rektor der Universität Leipzig.

9 Marie-Louise Henry (1911-2006), seit 1959 Prof. mit Lehrauftrag für Altes Testament in Leipzig; verließ 1961 die DDR. Vgl. zu ihr: Die Professoren und Dozenten der Theologischen Fakultät der Universität Leipzig von 1409 bis 2009/ hrsg. von Markus Hein; Helmar Junghans. Leipzig 2009, 209. [049].

10 Hans Walter Kurt Bardtke (1906-1975), vgl. zu ihm ebd, 167 f.

11 Hans Moritz (*1926), vgl. zu ihm ebd, 242 f.

keine Vorlesung mehr würde halten können. Junghans sollte sein Nachfolger werden. Aber das Ministerium lehnte ab.

»Das Merkwürdige war, dass Moritz ein sehr systemnaher Mensch war, also in der CDU war er tätig, was bekannt war, er hat nichts vertuscht. Und sein Lehrer, Emil Fuchs,[12] war eng mit den Kommunisten, der hatte auch Bekanntschaft mit einigen in der Partei und konnte da auch etwas durchsetzen, was ein Professor in der bürgerlichen Tradition nie erreicht hätte.« Moritz erreichte, dass Junghans die Nachfolge von Lau antreten konnte, »aber nur als Dozent«. Die Professur wurde abgestuft auf eine Dozentur. »Ich habe also dieselbe Arbeit gemacht, für 60 Prozent des Gehalts. Aber ich habe das alles aus Gottes Hand genommen. Ich habe mir gesagt: Ich kann meine Familie ernähren, ich kann lehren was ich will, das heißt nicht provokatorisch gegen die Marxisten, aber sonst hat mir niemand Vorschriften gemacht. Ich habe mich dann mit Luther beschäftigt und Einladungen ins Ausland angenommen, da habe ich aber drei Jahre gekämpft, ehe ich mal raus durfte.«

Die DDR beschloss, das Lutherjahr 1983 so zu begehen, dass sie der Welt zeigen konnte, wie sie das humanistische Erbe pflegt. »In Wirklichkeit war es so, dass sie Devisen brauchte. Die Leute haben dann gesagt, ihr könnt den Junghans nicht als Dozent rumlaufen lassen, wenn ihr das so feiern wollt. Ihr müsst ihn zum Professor machen. Aber da waren meine Söhne gerade soweit, dass sie gemustert wurden und sagten: nur ohne Waffe, sonst gar nicht. Der Eckhard[13] wollte überhaupt nicht, der hätte sich lieber in den Knast gesetzt. Mühsam hatte er sich für Bausoldat entschieden. Also, jemand, der seine Söhne nicht dazu erzieht, den Sozialismus mit der Waffe zu verteidigen, den kann man doch nicht als Hochschullehrer anstellen. Sie haben es dann so gemacht, dass sie mich zum außerordentlichen Professor ernannten. Ich bekam 200 Mark mehr im Monat und durfte den Professorentitel führen. Damit hatten sie sich dann ihr Gewissen beruhigt.«

»Und dann 1990 im Januar, als sich so manches änderte, hat die Fakultät gesagt: Jetzt wird es höchste Zeit, dass er endlich eine richtige Professur bekommt, der Antrag wurde gestellt. Es wurde bloß gesagt, es gäbe aber keine Stelle. Da überlegte man: Es gibt doch eine Stelle ›Wissenschaftlicher Kommunismus‹, die besetzen wir nicht mehr, die widmen wir in Kirchengeschichte um. Die Ablösung wurde also ganz konkret an meiner Person vollzogen. Und ich bin dann doch noch ordentlich geworden.« Dies alles hing mit der Verhaftung zusammen, was die negative Seite bezeichnete. »Das Positive daran war die Gewissheit, die ich in meinem Glauben gefunden habe, die hat mich auch ungeheuer frei gemacht. Nie dachte ich, ich müsse darum betteln, Professor zu werden. Mein Problem war es, jeden Tag mein Tagewerk zu machen mit einem ganz festen Vertrauen, dass sich jemand um mich und meine Familie kümmert.«

---

12 Emil Fuchs (1874-1971), vgl. zu ihm mit weiterern Literaturangaben ebd, 192 f.

13 Eckhard Junghans (1961-1986).

Junghans äußerte am Ende des Gesprächs, dass er die Haftzeit nicht vergesse, dass sie ihn jedoch nicht dauernd belaste. Er habe die Zeit ganz gut verkraftet. Was bleibt, ist aber ein dauerhafter Vertrauensverlust, die Schwierigkeit, echte Freunde zu finden, weil er die Fähigkeit verlor, restlos zu vertrauen – ein Leben lang.

Ich fragte und suchte inzwischen bei den Gedenkstätten, im Bundesarchiv und bei der Stiftung Sächsische Gedenkstätten Dresden. Die nüchternen Datenbank- und Karteiauskünfte sagen folgendes:

Junghans Helmar, geb. 1931

Festnahme: 23.7.1947 in Aue

Verurteilt: 10.10.1947 durch das SMT Sachsen zu 10 Jahren Strafarbeitslager, Art. 58-14 StGB der RSFSR

Grund: Waffenbesitz (Gewehre, Pistole u. Granate)

Lager/StVA: Sachsenhausen, Untermaßfeld

Übergabe an die DDR-Straforgane am 7.2.1950

Entlassen: 24.3.1951 nach Affalter.

Am 24. März 2010 stellte ich über die Stiftung Sächsische Gedenkstätten einen Rehabilitierungsantrag, so hatte ich es mit Helmar Junghans vereinbart. Mit Datum vom 30. Juni 2010 erhielt ich den Bescheid aus Moskau, dass das Urteil am 29. Januar 2004 laut Beschluss des 3. Bezirksmilitärgerichtes rechtlich umqualifiziert wurde. Das heißt, das Gericht sah die »Straftat« weiterhin als eine solche an, stellte jedoch fest, sie sei seinerzeit nach Art. 58-14 falsch begründet worden. Deshalb wurde sie nunmehr, 2004, dem Teil 1 Art. 182 StGB der RSFSR (illegaler Waffenbesitz) zugeordnet, und das Gericht legte ein neues Strafmaß von 5 Jahren Freiheitsentzug fest. Dies ist aus rechtsstaatlicher Sicht ein äußerst bedenklicher Akt, der das 1947 vom Sowjetischen Militärtribunal Sachsen in fragwürdiger Weise in einem nicht auf rechtsstaatlichen Grundlagen basierenden Prozess festgelegte Urteil im Nachgang als rechtens erklärt und damit festschreibt.

Helmar Junghans (1931-2010)

Abschließendes Schriftenverzeichnis Helmar Junghans (1959-2010 [2012])

Neu bearbeitet und zusammengestellt von Michael Beyer

Jahrzehntelang hat Helmar Junghans die »Lutherbibliographie« des »Lutherjahrbuches« selbst bearbeitet und betreut und sich zuletzt noch an den Überlegungen ihrer Überführung in das Internet beteiligt, die er nicht mehr erleben kann. Deshalb soll die Dokumentation seines gedruckten Œuvres in diesem Band in der Form der »Lutherbibliographie« erfolgen, was er zumindest mit einem Lächeln quittiert hätte. Wie in der LuB stehen die Sammelschriften am Anfang. In diesem speziellen Fall verzeichnet diese sog. »Null-Gruppe« die von Junghans hrsg. Sammelschriften, weiterhin die Sammlungen seiner Aufsätze, die von ihm [mit-]herausgegebene Werke sowie die lange Reihe der »Lutherjahrbücher«. Junghans hat viele der Sachgruppen, die die von ihm weiterentwickelte Systematik der LuB für das Einordnen von Luthertiteln bereitstellt, durch seine Forschungs- und Editionsarbeit selbst bereichert. Auf eine Auflistung seiner umfangreicher Rezensionstätigkeit wurde verzichtet. Die Abteilung *C Forschungsberichte, Sammelbesprechungen, Bibliographien* enthält sehr viele Besprechungen unter dem fast jährlich wiederkehrenden Titel »Martin Luther und die Welt der Reformation« sowie Sammelbesprechungen zu den Erträgen von Luther- und Melanchthon-Jubiläen. Innerhalb der Sachgruppen wird chronologisch geordnet; Nachdrucke, Übersetzungen und Kurzfassungen im »Luther Digest« stehen jeweils direkt bei der Erstveröffentlichung. Die Titel der Junghans gewidmeten Festschrift, der Laudationes, Bibliographien und Nekrologe sind in kursiver Schrift unter *B 7 Luthers Gestalt und Lehre in der Gegenwart* verzeichnet.

ABKÜRZUNGEN

Verlage und Verlagsorte

B	Berlin
EVA	Evangelische Verlagsanstalt
GÖ	Göttingen
L	Leipzig
V&R	Vandenhoeck & Ruprecht

Sammelschriften, Zeitschriften, Editionen, Lexika

HCh	Herbergen der Christenheit
LiljeML	Lilje, Hanns: Martin Luther: mit Selbstzeugnissen und Bilddokumenten/ hrsg. von Kurt Kusenberg; mit [neubearb.] Bibliographie von Helmar Junghans. Reinbek bei Hamburg:

	Rowohlt, … – [um] 159 S.: Ill. [mit wechselnden Reihenangaben:] (Rowohlts Taschenbuch; 1080: Rowohlts Monographien; 98) bzw. (rororo; 50098: rororo-Bildmono-graphien)
LuB	Lutherbibliographie
LuD	Luther digest
LuJ	Lutherjahrbuch: Organ der internationalen Lutherforschung/ im Auftrag der Luther-Gesellschaft hrsg. von Helmar Junghans (Hamburg; GÖ 1972-2009)
LTA	Martin Luther: Taschenausgabe: Auswahl in fünf Bänden/ hrsg. von Horst Beintker; Helmar Junghans; Hubert Kirchner. B: EVA, 1981-1984
NDB	Neue Deutsche Biographie
StA	Martin Luther: Studienausgabe. Bd. 1-6/ in Zsarb. mit Michael Beyer; Helmar Junghans; Reinhold Pietz; Joachim Rogge; Günther Wartenberg hrsg. von Hans-Ulrich Delius. B; L: EVA, 1979-1999
ThLZ	Theologische Literaturzeitung
TRE	Theologische Realenzyklopädie
WA	Weimarer Ausgabe der Werke Martin Luthers

SAMMELSCHRIFTEN

01 **Vierhundertfünfzig Jahre lutherische Reformation = Festschrift für Franz Lau zum 60. Geburtstag/** hrsg. von Helmar Junghans; Ingetraut Ludolphy; Kurt Meier. B: EVA; GÖ: V&R, 1967. 426 S. – Siehe Nr. 117.

02 **LuJ.** Bd. 39. Hamburg: Wittig, 1972. 180 S. – Siehe Nr. 124. 239-241.

03 **LuJ**. Bd. 40. Hamburg: Wittig, 1973. 184 S. – Siehe Nr. 1. 243 f.

04 **LuJ.** Bd. 41. GÖ: V&R, 1974. 186 S. – Siehe Nr. 246 f.

05 **LuJ**. Bd. 42. GÖ: V&R, 1975. 193 S.: 1 Portr. – Siehe Nr. 198. 200. 249-251.

06 **LuJ**. Bd. 43. GÖ: V&R, 1976. 191 S. – Siehe Nr. 89. 253 f.

07 **LuJ**. Bd. 44. GÖ: V&R, 1977. 200 S. – Siehe Nr. 256.

08 **LuJ**. Bd. 45. GÖ: V&R, 1978. 204 S. – Siehe Nr. 257 f.

09 **LuJ**. Bd. 46. GÖ: V&R, 1979. 194 S. – Siehe Nr. 12. 260 f.

010 **LuJ**. Bd. 47. GÖ: V&R, 1980. 192 S. – Siehe Nr. 262 f.

011 **LuJ**. Bd. 48. GÖ: V&R, 1981. 222 S. – Siehe Nr. 265.

012 **LuJ**. Bd. 49. GÖ: V&R, 1982. 204 S. – Siehe Nr. 2. 266.

013 **Leben und Werk Martin Luthers von 1526 bis 1546:** Festgabe zu seinem 500. Geburtstag/ im Auftrag des Theol. Arbeitskreises für Reformationsgeschichtliche Forschung hrsg. von Helmar Junghans. 2 Bde. B: EVA; GÖ: V&R, 1983. 707 S.; S. 717-1089: 61 Ill. – Siehe Nr. 61.

013.2 **Leben und Werk Martin Luthers** von 1526 bis 1546: Festgabe zu seinem 500. Geburtstag/ … hrsg. von Helmar Junghans. 2 Bde. Nachauflage. Berlin 1985. 707 S.; S. 716-1089. – Siehe Nr. 61.2.

014 **LuJ**. Bd. 50. GÖ: V&R, 1983. 232 S. – Siehe Nr. 268.

015 **LuJ**. Bd. 51. GÖ: V&R, 1984. 200 S. – Siehe Nr. 269.

016 **LuJ**. Bd. 52. – Enthält: **Martin Luther 1483-1983:** Werk und Wirkung; **Referate und Berichte des Sechsten Internationalen**

Kongresses für Lutherforschung, Erfurt, DDR, 14.-20. August 1983. GÖ: V&R, 1985. 396 S. – Siehe Nr. 98. 271.

017 **LuJ**. Bd. 53. GÖ: V&R, 1986. 229 S. – Siehe Nr. 273 f.

018 **LuJ**. Bd. 54. GÖ: V&R, 1987. 226 S. – Siehe Nr. 65. 275 f.

019 **LuJ**. Bd. 55. GÖ: V&R, 1988. 212 S. – Siehe Nr. 19. 277 f.

020 **LuJ**. Bd. 56. GÖ: V&R, 1989. 213 S. – Siehe Nr. 20. 279.

021 **Das Jahrhundert der Reformation in Sachsen = Festgabe zum 450jährigen Bestehen der Evangelisch-Lutherischen Landeskirche Sachsens**/ im Auftrag der Arbeitsgemeinschaft für Sächsische Kirchengeschichte hrsg. von Helmar Junghans. B: EVA, 1989. 261 S.: Ill., 32 S. Taf. & Beil. (3 Kt., 1 Stammtaf.) – Siehe Nr. 177.

021.2 **Das Jahrhundert der Reformation in Sachsen**. 2. durchges. und erw. Aufl./ im Auftrag der Arbeitsgemeinschaft für Sächsische Kirchengeschichte anlässlich ihres 125-jährigen Bestehens hrsg. von Helmar Junghans. L: EVA, 2005. 288 S.: Ill., Kt., Stammtaf., [16] S.: Taf. – Siehe Nr. 177.2.

021.3 **Das Jahrhundert der Reformation in Sachsen.** 2. durchges. und erw. Aufl./ im Auftrag der Arbeitsgemeinschaft für Sächsische Kirchengeschichte anlässlich ihres 125-jährigen Bestehens hrsg. von Helmar Junghans. [Dresden]: Landeszentrale für Politische Bildung; L: EVA, 2005. 288 S.: Ill., Kt., Stammtaf., [16] S.: Taf. – Siehe Nr. 177.3.

022 **Der Theologe Thomas Müntzer:** Untersuchungen zu seiner Entwicklung und Lehre/ hrsg. von Siegfried Bräuer und Helmar Junghans. B: EVA; GÖ: V&R, 1989. 385 S.: Ill., 2 Faks. – Siehe Nr. 155.

023 **LuJ**. Bd. 57. – Enthält: **Luthers Theologie als Weltverantwortung:** Absichten und Wirkungen = **Responsibility for the world:** Luther's intentions and their effects = **Referate und Berichte des 7. Internationalen Kongresses für Lutherforschung Oslo, 14.-20. August 1988.** GÖ: V&R, 1990. 373 S.: Ill., Faks. – Siehe Nr. 281 f.

024 **LuJ.** Bd. 58. GÖ: V&R, 1991. 210 S. – Siehe Nr. 3. 283 f.

025 **LuJ.** Bd. 59. GÖ: V&R, 1992. 264 S. – Siehe Nr. 286 f.

026 **Martin Luther in two centuries:** the sixteenth and the twentieth/ aus dem Deutschen übers. von Katharina Gustavs; Gerald S. Krispin; hrsg. von Terrance Dinovo; Robert Kolb. St. Paul, MN: Lutheran Brotherhood Foundation Reformation Research Library; Luther Northwestern Theological Seminary, 1992. V, 99 S. – Siehe Nr. 59.2. 86.4. 149. 156.3. 168. 207.2.

027 **LuJ.** Bd. 60. GÖ: V&R, 1993. 221 S., Taf. – Siehe Nr. 289 f.

028 **LuJ.** Bd. 61. GÖ: V&R, 1994. 194 S. – Siehe Nr. 292 f.

029 **LuJ.** Bd. 62. – Enthält: **Befreiung und Freiheit:** Martin Luthers Beitrag = **Liberation and Freedom:** Martin Luther's contribution = **Referate und Berichte des Achten Internationalen Kongresses für Lutherforschung, St. Paul, Minn. 8.-14. August 1993.** GÖ: V&R, 1995. 319 S. – Siehe Nr. 295 f.

030 **LuJ.** Bd. 63. GÖ: V&R, 1996. 200 S. – Siehe Nr. 299 f.

031 **Zum Luther-Gedenken 1996/** Helmar Junghans; Wolfgang Ratzmann. Amtsblatt der Evang.-Luth. Landeskirche Sachsens (1995) Nr. 24, B 65-B 72. – Siehe Nr. 24 f.

032 **LuJ.** Bd. 64. GÖ: V&R, 1997. 216 S. – Siehe Nr. 302 f.

033 **LuJ.** Bd. 65. GÖ: V&R, 1998. 268 S.: Faks. – Siehe Nr. 26. 127. 305 f.

034 **LuJ.** Bd. 66. – Enthält: **Glaube und Bildung = Faith and Culture = Referate und Berichte des Neunten Internationalen Kongresses für Lutherforschung**, Heidelberg, 17.-23. August 1997. GÖ: V&R, 1999. 392 S.: Ill. – Siehe Nr. 151. 307.

035 **LuJ.** Bd. 67. GÖ: V&R, 2000. 252 S.: Faks. – Siehe Nr. 310 f.

036 **LuJ.** Bd. 68. GÖ: V&R, 2001. 208 S.: Faks. – Siehe Nr. 312 f.

037 **Spätmittelalter, Luthers Reformation, Kirche in Sachsen:** ausgewählte Aufsätze/ hrsg. von Michael Beyer; Günther Wartenberg. L: EVA, 2001. 431 S.: Ill. (Arbeiten zur Kirchen- und Theologiegeschichte; 8) – Siehe Nr. 4.2. 65.2. 78.3. 86.6. 94.2. 97.2. 98.2. 99.2. 100.2. 105.3. 108.3. 116.2.

117.2. 120.2. 123. 127.2. 148.2. 156.4. 157.2. 174.2. 184.2. 193. 195.2. 197.2. 200.4. 202.3. 216.

038 **Temas da teologia de Lutero** (Themen der Theologie Luthers)/ aus dem Dt. übers. von Ilson Kayser; Ricardo W. Rieth; Luís M. Sander; Letícia Schach. São Leopoldo: Sinodal, 2001. 188 S. – Siehe Nr. 78.4. 84.2. 87.2. 91.3. 100.3. 108.5. 133.2. 174.3. 221.

039 **LuJ.** Bd. 69. GÖ: V&R, 2002. 211 S.: Ill. – Siehe Nr. 315 f.

040 **LuJ.** Bd. 70. GÖ: V&R, 2003 [gedr. 2004]. 291 S.: Ill. – Siehe Nr. 6. 318 f.

041 **Quellen zu Thomas Müntzer**/ bearb. von Wieland Held (†); Siegfried Hoyer. Leipzig 2004. 294 S. (Thomas-Müntzer-Ausgabe: kritische Gesamtausgabe/ im Auftr. der Sächsischen Akademie der Wissenschaft zu Leipzig hrsg. von Helmar Junghans; 3) (Quellen und Forschungen zur sächsischen Geschichte; 25 III) – Siehe Nr. 169.

042 **LuJ.** Bd. 71. – Enthält: **Luther nach 1530:** Theologie, Kirche und Politik = **Luther after 1530:** theology, church and politics = **Referate und Berichte des Zehnten Internationalen Kongresses für Lutherforschung, København, 4.-9. August 2002.** GÖ: V&R, 2004 [gedr. 2005]. 394 S.: Ill. – Siehe Nr. 321 f.

043 **LuJ.** Bd. 72: Jahrgang 2005. GÖ: V&R, 2006. 267 S.: Ill. – Siehe Nr. 323 f.

044 **LuJ.** Bd. 73: Jahrgang 2006. GÖ: V&R, 2007. 288 S.: Ill. – Siehe Nr. 326 f.

045 **Politische Korrespondenz des Herzogs und Kurfürsten Moritz von Sachsen**/ hrsg. von der Historischen Kommission der Sächsischen Akademie der Wissenschaften zu Leipzig; **Vorwort:** Helmar Junghans. Bd. 6: 2. Mai 1552 - 11. Juli 1553: mit ergänzenden Kommentaren zum Tod des Kurfürsten/ bearb. von Johannes Hermann; Günther Wartenberg; Christian Winter. B: Akademie, 2006. LIX, 1252 S. – Siehe Nr. 191.

046 **Die sächsischen Kurfürsten während des Religionsfriedens von 1555 bis 1618:** Symposium anlässlich des Abschlusses der Edition »Politische Korrespondenz des Herzogs und Kurfürsten Moritz von Sachsen« vom 15. bis 18. September 2005 in Leipzig; veranstaltet von der Sächsischen Akademie der Wissenschaften zu Leipzig und dem Theologischen Arbeitskreis für Reformationsgeschichtliche Forschung Berlin/ hrsg. von Helmar Junghans. L: Sächsische Akademie der Wissenschaften zu Leipzig; Stuttgart: Steiner, 2007. 364 S.: Ill. (Quellen und Forschungen zur sächsischen Geschichte; 31) – Siehe Nr. 192.

047 **LuJ.** Bd. 74: Jahrgang 2007. GÖ: V&R, 2008. 276 S.: Ill. – Siehe Nr. 7. 109. 328 f.

048 **LuJ.** Bd. 75: Jahrgang 2008. GÖ: V&R, 2008. 288 S.: Ill. – Siehe Nr. 331 f.

049 **Die Professoren und Dozenten der Theologischen Fakultät der Universität Leipzig von 1409 bis 2009**/ hrsg. unter Mitarb. von Alexander Bartmuß ... von Markus Hein; Helmar Junghans. L: EVA, 2009. 363 S. (Beiträge zur Leipziger Universitäts- und Wissenschaftsgeschichte: Reihe A; 8) – Siehe Nr. 183.

050 **LuJ**/ im Auftrag der Luther-Gesellschaft hrsg. von Helmar Junghans † in Verb. mit Michael Beyer. Bd. 76: Jahrgang 2009. – Enthält: **Luthers Ethik:** christliches Leben in ecclesia, oeconomia, politia = **Luther's ethics in the realms of church, household, politics = Referate und Berichte des Elften Internationalen Kongresses für Lutherforschung, Canoas/RS 21.-27. Juli 2007.** GÖ: V&R, 2010. 355 S.: Ill. – Siehe Nr. 333.

051 **Franz Lau (1907-1973):** Pfarrer, Landessuperintendent und Kirchenhistoriker; Kolloquium zu Leben und Werk am 22. Juni 2007 in der Sächsischen Akademie der Wissenschaften zu Leipzig/ hrsg. von Markus Hein; Helmar Junghans †. L: EVA, 2011. 130 S.: Ill. (HCh: Sonderbd.; 17) – Siehe Nr. 209.

052 **Die römisch-katholische Kirche vor und nach der Reformation**/ Konzeption: Helmar Junghans †; hrsg. von Armin Kohnle u. a. L: Sächsische Akademie der Wissenschaften zu Leipzig, 2012. (Quellen und Forschungen zur sächsischen Geschichte) – *in Vorbereitung.*

A QUELLEN

1 Quellenkunde

1 **Wie kann es mit der »Weimarana« weitergehen?** LuJ 40 (1973), 129-133.

2 **Erwartungen an das Gesamtinhaltsverzeichnis der Weimarer Lutherausgabe.** LuJ 49 (1982), 133-139.

3 **Die Wiedergabe diakritischer Zeichen über dem u in der Weimarer Lutherausgabe.** LuJ 58 (1991), 64-70.

4 **Die Tischreden Martin Luthers.** In: D. Martin Luthers Werke: Sonderedition der kritischen Weimarer Ausgabe, Begleitheft zu den Tischreden. Weimar 2000, 25-50. [Vgl. Nr. 28]

4.2 **Die Tischreden Martin Luthers.** In: 037, 155-176: Ill.

4.3 **Die Tischreden Martin Luthers/** engl. Kurzfassung von Franz Posset. Luther digest 12 (2004), 52-55: Ill.

5 **The history, the use and significance of Weimar Luther edition/** übers. von Katharina Gustavs. Shenxue vu shenghuo = Theology and life 25 = Luther in Asian context/ hrsg. von Pilgrim W. K. Lo. (Hong Kong 2002), 43-71.

5.2 **Weimaban Lude quanji de yuanoi yongtu ji yiyi** (The history, the use and significance of Weimar Luther edition <chin.>)/ übers. von Joe Dunn. Shenxue vu shenghuo = Theology and life 25 = Luther in Asian context/ hrsg. von Pilgrim W. K. Lo. (Hong Kong 2002), 73-95.

5.3 **The history, use and significance of the Weimar Luther edition.** Lutheran Quarterly 17 (Spokane, WA 2003), 267-287.

5.4 **The history, use and significance of the Weimar Luther edition/** Kurzfassung von Kenneth Hagen. LuD 13 (2005), 106-109.

6 **Die Weimarer Lutherausgabe digital auf CD-Rom »Luthers Werke«.** LuJ 70 (2003), 215-219.

7 **Interpunktion und Großschreibung in Texten der Lutherzeit.** LuJ 74 (2007), 153-180.

8 **Zeitpunkt und Ort von Luthers Turmerlebnis angesichts neuer Ausgrabungen.** In: Der Mönch Martin Luther in seiner Lebenswelt/ hrsg. von Johannes Schilling. L: EVA. (Schriften der Stiftung Luthergedenstätten in Sachsen-Anhalt) – *in Vorbereitung.*

2 Wissenschaftliche Ausgaben und Übersetzungen der Werke Luthers sowie der biographischen Quellen

9 **StA**. Bd. 1. B: EVA, 1979. 416 S.

9.2 **StA**. Bd. 1. 1. Nachdruck. B: EVA, 1980. 416 S.

9.3 **StA**. Bd. 1. 2. Nachdruck. B: EVA, 1983. 416 S.

9.4 **StA**. Bd. 1. 3. Nachdruck. B: EVA, 1987. 416 S.

10 Luther, Martin: **Disputatio contra scholasticam theologiam/** bearb. von Helmar Junghans. In: StA 1, 163-172.

11 Luther, Martin: **Disputatio Heidelbergae habita/** bearb. von Helmar Junghans. In: StA 1, 186-218.

12 **Die probationes zu den philosophischen Thesen der Heidelberger Disputation im Jahre 1518.** LuJ 46 (1979), 10-59.

13 **Tischreden oder Colloqvia Doct[or] Mart[in] Luthers .../** hrsg. von Johannes Aurifaber. Faksimiledruck der Ausgabe Eisleben 1566/ mit einem Nachwort von Helmar Junghans. Leipzig; Wiesbaden 1981. 665 Bl. in getr. Zählg.

13.2 **Tischreden oder Colloqvia Doct[or] Mart[in] Luthers .../** hrsg. von Johannes Aurifaber. Faksimiledruck der Ausgabe Eisleben 1566/ mit einem Nachwort von Helmar Junghans. 2. Aufl. Leipzig; Wiesbaden; Stuttgart 1983. 665 Bl. in getr. Zählg.

14 **StA**. Bd. 2. B: EVA, 1982. 558 S.

14.2 **StA**. Bd. 2. Nachdruck. B: EVA, 1983. 558 S.

14.3 **StA**. Bd. 2. 2. Nachdruck. L: EVA, 1992. 558 S.

15 Luther, Martin: **Acht Sermone D. M. Luthers von ihm gepredigt zu Wittenberg in den Fasten (Invokavitpredigten vom 9.-16. März 1522)/** bearb. von Helmar Junghans. In: StA 2, 520-558.

16 Luther, Martin: **Die philosophischen Thesen der Heidelberger Disputation mit ihren**

Probationes. 1518/ bearb. von Helmar Junghans. In: Dr. Martin Luthers Werke: kritische Gesamtausgabe. Bd. 59: Nachträge. Weimar 1983, 405-426.

17 **StA.** Bd. 3. B: EVA, 1983. 496 S.

17.2 **StA.** Bd. 3. 2., verb. und um Literaturnachträge erw. Aufl. L: EVA, 1996. 496 S.

18 **StA.** Bd. 4. B: EVA, 1986. 448 S.

19 **Eintragungen in kursächsischen Rechnungsbüchern zu Wittenberger Reformatoren und Georg Spalatin von 1519 bis 1553 (Teil 1)**/ hrsg. von Rainer Hambrecht; komm. von Helmar Junghans. LuJ 55 (1988), 102-117.

20 **Eintragungen in kursächsischen Rechnungsbüchern ... (Teil 2)**/ hrsg. von Rainer Hambrecht; komm. von Helmar Junghans. LuJ 56 (1989), 68-129.

21 **StA**. Bd. 5. B [d. i. L!]: EVA, 1992. 638 S.

22 Luther, Martin: **Die Schmalkaldischen Artikel, 1536/38**/ bearb. von Helmar Junghans. In: StA 5, 327-447.

23 Luther, Martin: **Praefatio zu Martin Luther opera omnia 1, Wittenberg 1545**/ bearb. von Helmar Junghans. In: StA 5, 618-638.

24 **Luthers letzte Aufzeichnung**/ übers. und erl. von Helmar Junghans. In: 031, B 65 f.

25 **Luthers letzte Tage**/ übertr. und erl. von Helmar Junghans. In: 031, B 66-B 70.

26 [Luther, Martin; Melanchthon, Philipp]: **Drei unbekannte Briefe von Martin Luther und Philipp Melanchthon zur Ehesache der Anna Schulze in Eilenburg** (*Briefe* <dt.>)/ hrsg. von Andreas Flegel; Helmar Junghans. LuJ 65 (1998), 85-100.

27 **StA.** Bd. 6: **Frühneuhochdeutsches Glossar zur Luthersprache. Bibelstellenregister. Orts-, Personen- und Zitatenregister.** L: EVA, 1999. 404 S.

28 [Luther, Martin:] **D. Martin Luthers Werke**/ hrsg. von Ulrich Köpf. Sonderedition der Kritischen Gesamtausgabe (Weimarer Ausgabe) in 120 Bänden mit jeweils einem neu erarbeiteten Begleitheft zu den vier Abteilungen des Gesamtwerkes/ hrsg. unter wissenschaftlicher Begleitung von Ulrich Köpf; Helmar Junghans; Karl Stackmann. Weimar 2000-2005. – Siehe Nr. 4.

3 Volkstümliche Ausgaben und Übersetzungen der Werke Luthers sowie der biographischen Quellen

a) Auswahl aus dem Gesamtwerk

29 **Die Reformation in Augenzeugenberichten**/ hrsg., übers. und erl. von Helmar Junghans; eingel. von Franz Lau. Düsseldorf: Rauch, 1967. 541 S.

29.2 **Die Reformation in Augenzeugenberichten**/ hrsg., übers. und erl. von Helmar Junghans; eingel. von Franz Lau. 2. Aufl. Düsseldorf: Rauch, 1967. 541 S.

29.3 **Die Reformation in Augenzeugenberichten**/ hrsg., übers. und erl. von Helmar Junghans; eingel. von Franz Lau. Taschenbuchausgabe. 1.-15. Tsd. München: dtv, 1973. 537 S. (dtv; 887: Augenzeugenberichte)

29.4 **Die Reformation in Augenzeugenberichten**/ hrsg., übers. und erl. von Helmar Junghans; eingel. von Franz Lau.. 15.-24. Tsd. München: dtv, 1980. 537 S. (dtv; 887: Augenzeugenberichte)

30 Luther, Martin: **Sakramente, Gottesdienst, Gemeindeordnung**/ bearb. von Helmar Junghans. Berlin 1981. 224 S.: Ill. (LTA; 3) – Siehe Nr. 32-44.

30.2 Luther, Martin: **Sakramente, Gottesdienst, Gemeindeordnung**/ bearb. von Helmar Junghans. 2. Aufl. Berlin 1983. 224 S. (LTA; 3)

31 Luther, Martin: **Glaube und Kirchenreform**/ bearb. von Helmar Junghans. B: EVA, 1984. 272 S.: Ill. (LTA; 2) – Siehe Nr. 44-54.

b) Einzelschriften und Teile von ihnen

32 [Luther, Martin]: **Die Invokavitpredigten** (*Acht Sermone D. M. Luthers von ihm gepredigt zu Wittenberg in den Fasten* <neuhochdt.>)/ eingel. und übers. von Helmar Junghans. In: LTA 3 [oben Nr. 30/30.2], 84-115: Ill.

33 [Luther, Martin]: **Die Bedeutung der gottesdienstlichen Formen** (*Briefe –: an Georg, Fürst zu Anhalt, 1545* <neuhochdt.>)/ eingel. und übers. von Helmar Junghans. In: LTA 3 [oben Nr. 30/30.2], 132-134.

34 [Luther, Martin]: **Rat Luthers an den Landgrafen Philipp von Hessen, mit der Veröffentlichung der Kirchenordnung sich nicht zu übereilen** (*Briefe –: an Philipp, Landgraf zu Hessen, 1527* <neuhochdt.>)/ eingel. und übers. von Helmar Junghans. In: LTA 3 [oben Nr. 30/30.2], 222 f.

35 [Luther, Martin]: **Das Recht der christlichen Gemeinde, die Lehre zu beurteilen und die Pfarrer zu berufen, ein- und abzusetzen, aus der Heiligen Schrift begründet** (*Dass eine christliche Versammlung oder Gemeine Recht und Macht habe , alle Lehre zu urteilen, und Lehrer zu berufen, ein- und abzusetzen, Grund und Ursach aus der Schrift* <neuhochdt.>)/ eingel. und übers. von Helmar Junghans. In: LTA 3 [oben Nr. 30/30.2], 186-196: Ill.

36 [Luther, Martin]: **Die deutsche Messe** (*Deutsche Messe und Ordnung Gottesdiensts* <neuhochdt.>, ohne Noten)/ eingel. und übers. von Helmar Junghans. In: LTA 3 [oben Nr. 30/30.2], 116-131.

37 [Luther, Martin]: **Der rechte Prediger** (*Das fünfte, sechste und siebente Kapitel Matthäi gepredigt und ausgelegt* <neuhochdt.> [Auszug: Vorrede])/ eingel. und übers. von Helmar Junghans. In: LTA 3 [oben Nr. 30/30.2], 174-178.

38 [Luther, Martin]: **Eine kurze Unterweisung, wie man beichten soll** (*Eine kurze Unterweisung* ... <neuhochdt.>)/ eingel. und übers. von Helmar Junghans. In: LTA 3 [oben Nr. 30/30.2], 18-26: Ill.

39 [Luther, Martin]: **Ordnung für die Gemeindekasse in Leisnig** (*Ordnung eines gemeinen Kastens. Ratschlag, wie die geistlichen Güter zu handeln sind* <neuhochdt.>)/ eingel. und übers. von Helmar Junghans. In: LTA 3 [oben Nr. 30/30.2], 197-221: Ill.

40 [Luther, Martin]: **Das heilige, hochwürdige Taufsakrament** (*Ein Sermon von dem heiligen hochwürdigen Sakrament der Taufe* <neuhochdt.>)/ eingel. und übers. von Helmar Junghans. In: LTA 3 [oben Nr. 30/30.2], 40-53.

41 [Luther, Martin]: **Das neue Testament, das ist die heilige Messe** (*Ein Sermon von dem Neuen Testament, das ist von der heiligen Messe* <neuhochdt.>)/ eingel. und übers. von Helmar Junghans. In: LTA 3 [oben Nr. 30/30.2], 54-82: Ill.

42 [Luther, Martin]: **Eine Lobrede auf die Musik** (*Symphoniae iucundae ... cum praefatione D. M. Lutheri* <neuhochdt.>)/ eingel. und übers. von Helmar Junghans. In: LTA 3 [oben Nr. 30/30.2], 179-183.

43 [Luther, Martin]: **Ermahnung zum Sakrament des Leibes und Blutes unseres Herrn** (*Vermahnung zum Sakrament des Leibes und Blutes unseres Herrn* <neu-hochdt.>)/ eingel. und übers. von Helmar Junghans. In: LTA 3 [oben Nr. 30/30.2], 135-174: Ill.

44 [Luther, Martin]: **An den christlichen Adel deutscher Nation von des christlichen Standes Besserung** (*An den christlichen Adel* ... <neuhochdt.>)/ eingel. und übers. von Helmar Junghans. In: LTA 2 [oben Nr. 31], 41-121: Ill.

45 [Luther, Martin]: **Die Bedeutung der humanistischen Studien für die zukünftigen Theologen** (*Briefe –: an Eobanus Hessus, 1523* <dt.>)/ eingel. und übers. von Helmar Junghans. In: LTA 2 [oben Nr. 31], 171-175: Ill.

46 [Luther, Martin]: **Rede vor dem Wormser Reichstag** (*D. M. Lutheri oratio coram Caesare Carolo ... in conventu imperiali Wormatiae* ... <dt.>)/ eingel. und übers. von Helmar Junghans. In: LTA 2 [oben Nr. 31], 146-152: Ill.

47 [Luther, Martin]: **95 Thesen zum Ablaß** (*Disputatio pro declaratione virtutis indulgentiarum* <dt.>)/ eingel. und übers. von Helmar Junghans. In: LTA 2 [oben Nr. 31], 24-33.

47.2 [Luther, Martin]: **Die 95 Thesen Martin Luthers** (*Disputatio pro declaratione* ... <dt.>)/ eingel. und übers. von Helmar Junghans. Erg. Nachdruck aus LTA 2/ hrsg. von der Staatlichen Lutherhalle Wittenberg. Redaktion: Ronny Kabus. Wittenberg: Elbe-Druckerei, [1987]. 6 S. (Faltbl.): 1 Ill.

47.3 [Luther, Martin]: **Die 95 Thesen Martin Luthers** (*Disputatio pro declaratione* ... <dt.>)/ [übers. von Helmar Junghans]. L: Kunst und Touristik, 1992. 6 S. (Faltbl.): 1 Ill. [Unlizens., verkürzter Nachdruck von Nr. 47]

47.4 Luther, Martin: **Die 95 Thesen** (*Disputatio pro declaratione* ... <dt.>)/ übers. und eingel. von Helmar Junghans. Erg. Nachdruck aus LTA 2. Spröda: Akanthus, 2005. 24 S.: Ill.

48 [Luther, Martin]: **Die Schmalkaldischen Artikel** (*Die Schmalkaldischen Artikel* <neuhochdt.>)/ eingel. und übertragen von Helmar Junghans. In: LTA 2 [oben Nr. 31], 238-271: Ill.

48.2 [Luther, Martin]: **Luthers Schmalkaldische Artikel**/ hrsg. von Martin Hoffmann; [Textbearb. von Helmar Junghans]. 1. Aufl. der Neubearbeitung. (*Die Schmalkaldischen Artikel* <neuhochdt.>). B: EVA, 1988. 39 S.: Ill.

48.3 [Luther, Martin]: **Luthers Schmalkadische Artikel von 1537**/ mit einer Einführung von Martin Hoffmann. (*Die Schmalkaldischen Artikel* <neuhochdt.>)/ Textbearb. von Helmar Junghans. 3. Aufl. Neubearbeitung. Zwickau: Concordia, 2004. 64 S.: Ill.

49 [Luther, Martin]: **Das Dolmetschen und die Fürbitte der Heiligen** (*Ein Sendbrief vom Dolmetschen und Fürbitte der Heiligen* <neuhochdt.>)/ eingel. und übers. von Helmar Junghans. In: LTA 2 [oben Nr. 31], 205-223: Ill.

50 [Luther, Martin]: **Ablaß und Gnade** (*Sermon von Ablass und Gnade* <neuhochdt.>)/ eingel. und übers. von Helmar Junghans. In: LTA 2 [oben Nr. 31], 34-40: Ill.

51 [Luther, Martin]: **280 Thesen zu den Gelübden** (*Themata de votis* <dt.>)/ eingel. und übers. von Helmar Junghans. In: LTA 2 [oben Nr. 31], 153-170.

52 [Luther, Martin]: **Ein Glaubensbekenntnis** (*Vom Abendmahl Christi. Bekenntnis.* [Auszug/ Sonderdruck]: *Bekenntnis der Artikel des Glaubens wider die Feinde des Evangeliums* ... <neuhochdt.>)/ eingel. und übers. von Helmar Junghans. In: LTA 2 [oben Nr. 31], 226-237: Ill.

53 [Luther, Martin]: **Die Freiheit des Christen** (*Von der Freiheit eines Christenmenschen* <neuhochdt.>)/ eingel. und übers. von Helmar Junghans. In: LTA 2 [oben Nr. 31], 122-145: Ill.

54 [Luther, Martin]: **Der Widerruf der Lehre vom Fegefeuer** (*Widerruf vom Fegefeuer* <neuhochdt.>)/ eingel. und übers. von Helmar Junghans. In: LTA 2 [oben Nr. 31], 176-204: Ill.

55 [Luther, Martin]: **Martin Luther über die Nächstenliebe:** Auszug aus seiner Auslegung der Epistel zum 4. Sonntag nach Epiphanias (Röm. 13, 8-10) in der »Fastenpostille« von 1525 (*Fastenpostille* <neuhochdt.> Auszug)/ hrsg. von Helmar Junghans. Luther 62 (1991), 3-11.

56 [Luther, Martin]: **Die Schmalkaldischen Artikel**/ eingel. und bearb. von Helmar Junghans. In: Die Evangelischen Bekenntnisse: Bekenntnisschriften der Reformation und neuere Theologische Erklärungen. Teilbd. 1/ im Auftr. der Union Evang. Kirchen in der Evang. Kirche in Deutschland gemeinsam mit Irene Dingel ... hrsg. von Rudolf Mau. Bielefeld 1997, 309-338.

56.2 [Luther, Martin]: **Die Schmalkaldischen Artikel**/ eingel. und bearb. von Helmar Junghans. In: Die Evangelischen Bekenntnisse: Bekenntnisschriften der Reformation und neuere Theologische Erklärungen. 2. Aufl. Teilbd. 1/ im Auftr. der Union Evang. Kirchen in der Evang. Kirche in Deutschland gemeinsam mit Irene Dingel ... hrsg. von Rudolf Mau. Bielefeld 2008, 309-338.

57 [Luther, Martin]: **Eine verständige Frau ist ein Werk Gottes**/ bearb. von Helmar Junghans. In: Texte Martin Luthers im Internet: Luthertexte der Lutherhalle Wittenberg; Luthertexte im heutigen Deutsch/ im Auftr. der Stiftung Luthergedenkstätten in Sachsen-Anhalt und der Luthergesellschaft Hamburg hrsg. von Michael Beyer; Hartmut Hövelmann; Martin Treu. 5. Bereitstellung (15.03.-20.05. 1999). – <http://www.martinluther.de/forum/luthertexte.htm.

58 [Luther, Martin]: **Vom alltäglichen Dank an Gott:** Luthers Auslegung von Ps 118, 1 im Jahre 1530 (*Das schöne Confitemini, an der Zahl der 118. Psalm* <neuhochdt.> [Auszug])/ ausgew. und bearb. von Helmar Junghans. Luther 78 (2007), 62-65.

4 Ausstellungen, Bilder, Bildbiographien, Denkmäler, Lutherstätten

59 **Wittenberg und Luther – Luther und Wittenberg.** Freiburger Zeitschrift für Philosophie und Theologie 25 (1978), 104-119.

59.2 **Wittenberg and Luther – Luther and Wittenberg/** übers. von Katharina Gustavs. In: 026, 15-28.

60 **Wittenberg als Lutherstadt.** B: Union; GÖ: V&R, 1979. 224 S.: Ill., Kt.

60.2 **Wittenberg als Lutherstadt.** 2., verb. Aufl. B: Union, 1982. 224 S.: Ill., Kt.

60.3 **Martin Luther und Wittenberg.** Neubearbeitung von »Wittenberg als Lutherstadt«. M: Koehler & Amelang, 1996. 224 S.: Ill., Ktn., Faks.

60.4 **Martin Luther und Wittenberg.** Neuausgabe/ aus dem Nachlass hrsg. von Katharina Gustavs; Fotografien: Jürgen M. Pietsch.. Spröda: Akanthus, 2012. – *in Vorbereitung.*

61 **Luther in Wittenberg.** In: 013, 7-32. 723-732.

61.2 **Luther in Wittenberg.** In: 013.2, 7-32. 723-732.

62 **Martin Luther:** Leben und Werk = Zentrale Ausstellung des Lutherkomitees der Evangelischen Kirchen in der DDR: 7. Mai bis 31. August 1983 Predigerkloster Erfurt, .../ Konzeption von Karlheinz Blaschke; Helmar Junghans; Karl-Heinz Meißner; hrsg. von Karl-Heinz Meißner. B 1983. 43 S.: Ill.

63 **Kirche und Theologie in Wittenberg.** In: 700 Jahre Wittenberg: Stadt, Universität, Reformation/ im Auftr. der Lutherstadt Wittenberg hrsg. von Stefan Oehmig. Weimar 1995, 37-52.

64 **Wittenberg.** In: Lexikon für Theologie und Kirche. 3., völlig neu bearb. Aufl./ hrsg. von Walter Kasper mit Konrad Baumgartner ... Bd. 10: Thomaschristen bis Žytomyr. Freiburg i. Br.; Basel; Wien: Herder, 2001, 1255-1257.

64.2 **Wittenberg.** In: Lexikon für Theologie und Kirche. 3., völlig neu bearb. Aufl./ hrsg. von Walter Kasper mit Konrad Baumgartner ... Sonderausgabe. Bd. 10: Thomaschristen bis Žytomyr. FR; BL; W: Herder, 2009, 1255-1257.

65 **Kaiser Karl V. am Grabe Martin Luthers in der Schloßkirche zu Wittenberg.** LuJ 54 (1987), 100-113.

65.2 **Kaiser Karl V. am Grabe Martin Luthers in der Schloßkirche zu Witten-berg.** In: 037, 249-259: Ill.

66 **Wittenberg.** The Oxford encyclopedia of the Reformation/ hrsg. von Hans. J. Hillerbrand. Bd. 4. New York; Oxford 1996, 282-284.

67 **Wittenberg, University of.** Ebd, 284-286.

68 **»Wittenberg die kleine Stadt, einen großen Namen itzund hat ...«:** Wittenberg als Umwelt für Luthers Alltag. In: Alltagsleben zur Zeit Martin Luthers: »Gott hat noch nicht genug Wittenbergisch Bier getrunken«/ hrsg. vom Evang. Predigerseminar Lutherstadt Wittenberg; Peter Freybe. Wittenberg 2001, 9-30. (Wittenberger Sonntagsvorlesungen).

69 **Luther's Wittenberg/** übers. von Katharina Gustavs. In: The Cambridge companion to Martin Luther/ hrsg. von Donald K. McKim. New York; Cambridge 2003, 20-35.

B DARSTELLUNGEN

1 Biographische Darstellungen

a) Das gesamte Leben Luthers

70 **Wird Martin Luther widerlegt?** Der Sonntag 63 (2008), 23. November, Nr. 47, 9.

70.2 **Kein direkter Widerspruch:** Wird Martin Luther durch die Ausstellung »Fundsache Luther« widerlegt? Glaube und Heimat (2008), 7. Dezember, Nr. 49, 9.

70.3 **Kein direkter Widerspruch:** Wird Martin Luther durch die Ausstellung »Fundsache Luther« widerlegt? Die Kirche: Anhalt und Kirchenprovinz Sachsen (2008), 7. Dezember, Nr. 49, 9.

71 **Neue Erkenntnisse und neue Fragen zu Martin Luthers Leben und Umwelt.** In: Fundsache Luther: Archäologen auf den Spuren des Reformators: Begleitband zur Landesausstellung »Fundsache Luther

– Archäologen auf den Spuren des Reformators« im Landesmuseum für Vorgeschichte Halle (Saale) vom 31. Oktober 2008 bis 26. April 2009/ hrsg. von Harald Meller. [Aalen 2008], 142-149.

b) Einzelne Lebensphasen und Lebensdaten
(vgl. auch unten »B 5 d: Humanisten«)

72 **Erfurt, Universität.** TRE 10 (1982), 141-144.

73 **Interpreting the old Luther (1526-1546)/** aus dem Deutschen übers. von Inge Forssman. Currents in theology and mission 9 (St. Louis, MO 1982), 271-281.

74 **Die Leipziger Disputation 1519.** Der Sonntag 44 (1989) Nr. 18, 3.

75 **Martin Luther in Erfurt:** Dauerausstellung im Augustinerkloster zu Erfurt/ hrsg. von Pastorin [Sigrun] Pabel nach Texten von [Helmar] Junghans; Aufnahmen von Detlef Marschall; Gestaltung von Reiner Wiegand. Erfurt [1994]. 40 S.: Ill.

76 **Leipzig disputation.** The Oxford encyclopedia of the Reformation/ hrsg. von Hans. J. Hillerbrand. Bd. 2. New York; Oxford 1996, 417 f.

77 **»Wir sind Bettler, das ist wahr«:** Martin Luthers letzte Zeilen als eine Bilanz im Abstand von 450 Jahren. Augsburger Allgemeine 145 (1996) vom 17./18. Februar, A 40, 26.

78 **Martin Luthers letzte Jahre.** Lu 67 (1996), 114-131.

78.2 **Martin Luther's final years** (Martin Luthers letzte Jahre <engl.>)/ Kurzfassung von Franz Posset. LuD 7 (1999), 139-141: Ill.

78.3 **Martin Luthers letzte Jahre.** In: 037, 235-247.

78.4 **Os últimos anos de Lutero** (Martin Luthers letzte Jahre <port.>)/ übers. von Ricardo W. Rieth. In: 038, 78-96.

79 **Und es wurde doch genagelt!** [Thesenanschlag]. Glaube + Heimat (2005) Nr. 43, 3: Ill.

79.2 **Und es wurde doch genagelt!** Die Kirche (2005) Nr. 43, 3: Ill.

79.3 **Und es wurde doch genagelt!** Der Sonntag 60 (2005) Nr. 43, 3: Ill.

80 **Martin Luther, kirchliche Magnaten und Thesenanschlag:** zur Vorgeschichte von Luthers Widmungsbrief zu den »Resolutiones disputationum de indulgentiarum virtute« an Papst Leo X. In: Luthers Thesenanschlag – Faktum oder Fiktion/ hrsg. von Joachim Ott; Martin Treu. L: EVA, 2008, 33-46. (Schriften der Stiftung Luthergedenkstätten in Sachsen-Anhalt; 9).

81 **Die Leipziger Disputation, 27. Juni bis 15. Juli 1519 – Luthers Weg zum Sola scriptura.** Amtsblatt der Evang.-Luth. Landeskirche Sachsens (2009) Nr. 10, B 29-B 32.

82 **Martin Luther und die Leipziger Disputation.** In: Die Leipziger Disputation 1519: 1. Leipziger Arbeitsgespräch zur Reformation/ hrsg. von Markus Hein; Armin Kohnle. L: EVA, 2011, 87-94: Ill. (HCh: Sonderbd.; 18).

c) Familie

83 **Luthers Hausmarke.** HCh [9] (1975/76), 223-226.

84 **Katharina Luther im Licht und im Schatten der Reformation.** HCh 24 (2000), 39-52.

84.2 **Catarina Lutero ... luz e sombre da Reforma** (Katharina Luther ... <port.>)/ übers. von Letícia Schach. In: 038, 169-188.

84.3 **Katharina Luther in the light and in the shadow of the Reformation** (Katharina Luther ... <engl.>)/ übers. von Rudolf K. Markwald. In: Ad fontes Lutheri: toward the recovery of the real Luther; essays in honor of Kenneth Hagen's sixty-fifth birthday/ hrsg. von Timothy Maschke; Franz Posset; John Skocir. Milwaukee, MI 2001, 86-103. (Marquette studies in theology; 28).

d) Volkstümliche Darstellungen seines Lebens und Werkes, Schulbücher, Lexikonartikel

85 **Martin Luther:** 1483-1546; eine interaktive Computeranimation/ Gesellschaft für Multimediaproduktion in Berlin (mib) (Zsarb. mit dem MedienLabor für kommunikative Strategien und dem Medien-Institut am Museumspädagogischen Dienst); Konzeption: Arthur Engelbert ...; Programmierung: Winfried Gerling ...; Gestaltung: Winfried

Gerling ...; Materialkoordination: Ansgar Gerling ...; Bildunterschriften: Thekla Junghans; Fotografen: Wilfried Kirsch ...; Booklet: Dorothee Weinlich; Betreuung: Manuela Rost-Hein (IBM). B: mib, [1996]. 1 CD-ROM & Beil. (1 Booklet, 12 S.: Ill). (eine CD-ROM der mib).

85.2 **Martin Luther:** 1483-1546; eine interaktive Computeranimation/ in Zsarb. mit IBM; Lutherhalle Wittenberg [...]; Redaktion: Uta Beatrice Prenger; Martin Nürnberger. [S]: Hänssler, [1997]. 1 CD-ROM & Beil. (1 Begleitheft, 56 S.: Ill.). (Hänssler Multimedia-CD-ROM).

85.3 **Martin Luther:** exploring his life and times, 1483-1546 (Martin Luther: 1483-1546; eine interaktive Computeranimation [1997] <engl.>). MP: Fortress, 1998. 1 CD-Rom & Beil. (1 Begleitbuch, 32 S.: Ill.).

2 Luthers Theologie und einzelne Seiten seines reformatorischen Wirkens

a) Gesamtdarstellungen seiner Theologie

86 **Die Mitte der Theologie Luthers.** Die Zeichen der Zeit 37 (1983), 190-194.

86.2 **Centrum teologii Marcina Lutra** (Die Mitte der Theologie Luthers <poln.>)/ übers. von Waldemar Preiss. Rocznik teologiczny 25 (Warszawa 1983 [gedr. 1986]) Heft 2, 65-75.

86.3 **The center of the theology of Martin Luther/** übers. von Gerald S. Krispin. In: And every tongue confess = Essays in honor of Norman Nagel on the occasion of his sixty-fifth birthday/ hrsg. von Jon D. Vieker. Dearborn, MI 1990, 179-194.

86.4 **The center of the theology of Martin Luther/** übers. von Gerald S. Krispin. In: 026, 29-44.

86.5 **The center of the theology of Martin Luther/** Kurzfassung von Timothy H. Maschke. LuD 1 (1993), 97-101.

86.6 **Die Mitte der Theologie Luthers**. In: 037, 91-98.

87 **Gott wirkt Wunder:** ein Leitwort zum 450. Todestag Martin Luthers. Luther Bulletin 7 (Kampen 1998), 22-40: Ill.: Samenvatting.

87.2 **Deus opera milagres** (Gott wirkt Wunder <port.>)/ übers. von Ilson Kayser. In: 038, 61-77.

88 **Das Theologieverständnis von Martin Luther und Philipp Melanchthon.** In: Dona Melanchthoniana = Festgabe für Heinz Scheible zum 70. Geburtstag/ hrsg. von Johanna Loehr. Stuttgart-Bad Canstatt 2001, 193-210.

89 **Die Verwendung von Metaphern und kybernetischen Modellen in der Lutherforschung.** LuJ 43 (1976), 113-128.

b) Gott, Schöpfung, Mensch

90 **Der Heilige Geist im Alltag bei Luther:** die christliche Existenz in Beruf und Arbeit. In: Luther-Arbeitsmappe vom Pastoralkolleg in Gnadau [1983]. 10 Bl. (Ormig).

c) Christus

91 **Die Worte Christi geben das Leben.** In: Wartburg-Jahrbuch: Sonderband 1996; Wissenschaftliches Kolloquium »Der Mensch Luther und sein Umfeld« vom 2.-5. Mai 1996 auf der Wartburg/ hrsg. von der Wartburgstiftung Eisenach; Redaktion: Hilmar Schwarz ... Eisenach: Wartburg-Stiftung, 1996, 154-175: Ill.

91.2 **Christ's words give life** (Die Worte Christi ... <engl.>)/ Kurzfassung von Franz Posset. LuD 7 (1999), 53-55.

91.3 **As palavras de Cristo dão a vida** (Die Worte Christi ... <port.>)/ übers. von von Luís M. Sander. In: 038, 7-26.

d) Kirche, Kirchenrecht, Bekenntnisse

92 **Die Schäflein, die ihres Hirten Stimme hören:** Verkündigung, Glaube und Leben in Luthers Beschreibung der Kirche: am Reformationstag 1985 in der St. Anna-Kirche zu Augsburg zum 2000-Jahr-Jubiläum. Lu 57 (1986), 19-34.

93 **Augsburg Confession.** The Oxford encyclopedia of the Reformation/ hrsg. von Hans. J. Hillerbrand. Bd. 1. New York; Oxford 1996, 93-97.

e) Sakramente, Beichte, Ehe

94 **Die evangelische Ehe.** In: Katharina von Bora: die Lutherin; Aufsätze anläßlich ihres 500. Geburtstages/ hrsg. von Martin Treu … Wittenberg 1999, 83-92. (Stiftung Luthergedenkstätten in Sachsen-Anhalt: Katalog; 5)

94.2 **Die evangelische Ehe.** In: 037, 99-110.

f) Amt, Seelsorge, Diakonie, Gemeinde, allgemeines Priestertum

95 **Einführung** [Über Beichte und Seelsorge]. In: Mit Luther im Gespräch: Studientexte für die Gemeindearbeit/ im Auftr. des Präsidiums des Evang. Kirchentages in der DDR hrsg. vom Vorbereitenden Ausschuß Wittenberg 1983. Redaktion: Hansjürgen Schulz. B; München 1983, 72 f.

96 **Superintendent.** TRE 32 (2001), 463-467.

g) Gnade, Glaube, Rechtfertigung, Werke

97 **Freiheit und Ordnung bei Luther während der Wittenberger Bewegung und der Visitationen.** ThLZ 97 (1972), 95-104.

97.2 **Freiheit und Ordnung bei Luther während der Wittenberger Bewegung und der Visitationen.** In: 037, 111-120.

h) Sozialethik, politische Ethik, Geschichte

98 **Luther und die Kultur.** LuJ 52 (1985), 164-183.

98.2 **Luther und die Kultur.** In: 037, 139-153: Ill.

99 **»Untertan sein« bei Martin Luther:** methodische Überlegungen zur Lutherinterpretation. In: Martin Luther: Leistung und Erbe/ hrsg. von Horst Bartel … B 1986, 132-138.

99.2 **»Untertan sein« bei Martin Luther:** methodische Überlegungen zur Lutherinterpretation. In: 037, 121-126.

100 **Sozialethisches Denken und Handeln bei Martin Luther.** Standpunkt 17 (1989), 67-71.

100.2 **Sozialethisches Denken und Handeln bei Martin Luther.** In: 037, 127-137.

100.3 **Ética social em Lutero: pensamento e ação** (Sozialethisches Denken … <port.>)/ übers. von Ricardo W. Rieth. In: 038, 45-60.

101 **Elemente der Zweireichelehre und der Zweiregimentenlehre Martin Luthers:** eine Einführung. In: Christlicher Glaube und weltliche Herrschaft: zum Gedenken an Günther Wartenberg/ hrsg. von Michael Beyer; Jonas Flöter; Markus Hein. L 2008, 23-40. (Arbeiten zur Kirchen- und Theologiegeschichte; 24).

i) Gottes Wort, Bibel, Predigt, Sprache

102 **Das Wort Gottes bei Luther während seiner ersten Psalmenvorlesung.** ThLZ 100 (1975), 161-174.

102.2 **Das Wort Gottes bei Luther während seiner ersten Psalmenvorlesung.** In: Nr. 145, 274-287.

102.3 **Das Wort Gottes bei Luther während seiner ersten Psalmenvorlesung.** In: Nr. 145.2, 274-287.

103 **Rhetorische Bemerkungen Luthers in seinen »Dictata super Psalterium«.** Theol. Versuche 8 (1977), 97-128.

103.2 **Rhetorische Bemerkungen Luthers in seinen »Dictata super Psalterium«.** In: Nr. 145, 240-273.

103.2 **Rhetorische Bemerkungen Luthers in seinen »Dictata super Psalterium«.** In: Nr. 145.2, 240-273.

104 **Die Widmungsvorrede bei Martin Luther.** In: Lutheriana: zum 500 Geburtstag Martin Luthers von den Mitarbeitern der Weimarer Ausgabe/ … hrsg. von Gerhard Hammer und Karl-Heinz zur Mühlen. Köln; Wien 1984, 39-65. (Archiv zur Ausgabe der Werke Martin Luthers; 5)

105 **Martin Luther und die Rhetorik.** L: Sächsische Akademie der Wissenschaften zu Leipzig; Stuttgart; L: Hirzel, 1998. 27 S. (Sitzungsberichte der Sächsischen Akademie der Wissenschaften zu Leipzig: Philologisch-historische Klasse; 136, 2)

105.2 **Martin Luther and the rhetoric** (Martin Luther und die Rhetorik)/ engl. Kurzfassung von Franz Posset. LuD 9 (2001), 204-206.

105.3 **Martin Luther und die Rhetorik.** In: 037, 177-192.

k) Gottesdienst, Gebet, Kirchenlied, Musik

106 **Gottes Zusagen müssen bekanntgemacht werden:** Luthers Gottesdienstreform. Der Sonntag 51 (Dresden 1996) Nr. 32, 7.

107 **Ordnungen sollen den Glauben und die Liebe fördern:** Luthers Gottesdienstreform. Der Sonntag 51 (Dresden 1996) Nr. 33, 7.

108 **Luthers Gottesdienstreform:** Konzept oder Verlegenheit? In: Herausforderung: Gottesdienst/ hrsg. von Reinhold Morath; Wolfgang Ratzmann. L: EVA, 1997, 77-92. (Beiträge zur Liturgie und Spiritualität; 1).

108.2 **Luther on the reform of worship.** (Luthers Gottesdienstreform <engl.>)/ übers. von Timothy J. Wengert. Lutheran Quarterly 13 (1999), 315-333.

108.3 **Luthers Gottesdienstreform:** Konzept oder Verlegenheit? In: 037, 193-205.

108.4 **Luther's reform of worship:** concept or quandary? (Luthers Gottesdienstreform)/ engl. Kurzfassung von Timothy H. Maschke. LuD 9 (2001), 158-163.

108.5 **A reforma litúrgica de Lutero:** fruto de concepção ou perplexidade? (Luthers Gottesdienstreform <port.>)/ übers. von Ricardo W. Rieth. In: 038, 27-44.

108.6 **Luther on the reform of worship.** (Luthers Gottesdienstreform <engl.>. 1999). In: Harvesting Martin Luther's reflections on theology, ethics, and the church/ hrsg. von Timothy J. Wengert; David C. Steinmetz. Grand Rapids, Michigan; Cambridge, U.K. 2004, 207-225. (Lutheran quarterly books).

109 **Gott danken, loben und bitten im Alltag bei Martin Luther.** LuJ 74 (2007), 51-68.

109.2 **Thanksgiving, praisegiving and prayer requesting in every day life according to Martin Luther** (Gott danken, ... <engl..>/ übers. von Katharina Gustavs. Shenxue vu shenghuo = Theology and life 30 (Hong Kong 2007), 127-149.

110 **Martin Luthers Vorstellung vom Gottesdienst.** In: Radosť z teologie: zborník pri príle žitosti sedemdesiatky prof. ThDr. Igora Kišša (Freude an der Theologie: Festschrift zum 70. Geburtstag von Igor Kišš)/ hrsg. von Ján Grešso; Miloš Klátik. Bratislava: Tranoscius, 2004, 132-147.

l) Katechismus, Konfirmation, Schule, Universität

111 **Erziehung zur »Gerechtigkeit« bei Martin Luther.** In: Sinnverlust und Sinnorientierung in der Erziehung: Rekonstruktionen aus pädagogischer und theologischer Sicht/ hrsg. von Ludwig Duncker; Helmut Hanisch. Bad Heilbrunn/Obb.: Klinkhardt, 2000, 225-239.

112 **Martin Luthers Einfluß auf die Wittenberger Universitätsreform.** In: Die Theologische Fakultät Wittenberg 1502 bis 1602: Beiträge zur 500. Wiederkehr des Gründungsjahres der Leucorea/ hrsg. von Irene Dingel; Günther Wartenberg; Redaktion: Michael Beyer. Leipzig 2002, 55-70. (Leucoreastudien zur Geschichte der Reformation und der Lutherischen Orthodoxie; 5).

113 **Die Geschichte der Leucorea zwischen 1536 und 1574.** In: Georg Major (1502-1574): ein Theologe der Wittenberger Reformation/ hrsg. von Irene Dingel; Günther Wartenberg; Redaktion: Michael Beyer. Leipzig 2005, 11-38. (Leucoreastudien zur Geschichte der Reformation und der Lutherischen Orthodoxie; 7).

114 **Verzeichnis der Rektoren, Prorektoren, Dekane, Professoren und Schloßkirchenprediger der Leucorea:** vom Sommersemester 1536 bis zum Wintersemester 1574/75. In: Ebd, 235-270: Tab.

115 **Die Erfassung des Lehrkörpers der Theologischen Fakultät Leipzig 1409-1991:** Vorstellung eines Projektes mit dem Schwerpunkt auf der vorreformatorischen Zeit. In: Die Theologische Fakultät der Universität Leipzig: Personen, Profile und Perspektiven aus sechs Jahrhunderten Fakultätsgeschichte/ hrsg. von Andreas Gößner unter Mitarb. von Alexander Wieckowski. Leipzig 2005, 41-48. (Beiträge zur Leipziger Universitäts- und Wissenschaftsgeschichte: A; 2).

3 Beurteilung der Persönlichkeit und ihres Werkes

116 **Der Reichtum einer geschichtlichen Persönlichkeit – Martin Luther.** Freiburger Zeitschrift für Philosophie und Theologie 31 (1984), 379-394.

116.2 **Der Reichtum einer geschichtlichen Persönlichkeit – Martin Luther.** In: 037, 223-234.

4 Luthers Beziehungen zu früheren Strömungen, Gruppen, Persönlichkeiten und Ereignissen

117 **Das mittelalterliche Vorbild für Luthers Lehre von den beiden Reichen.** In: 01, 135-153.

117.2 **Das mittelalterliche Vorbild für Luthers Lehre von den beiden Reichen.**. In: 037, 11-30.

118 **Ockham im Lichte der neueren Forschung:** dargestellt an Hand der Arbeiten des Franziskaners Philotheus Böhner und seiner Gesprächspartner. L 1964. 452 Bl. (maschinenschriftlich). – L, Univ., Theol. Fak., Diss., 1964.

119 **Ockham im Lichte der neueren Forschung.** B: Luth. Verlagshaus, 1968. 367 S. (Arbeiten zur Geschichte und Theologie des Luthertums; 21).

120 **Ulrich Pinders »Speculum passionis domini nostri Ihesu christi« von 1507 und die Übersetzung »Speculum passionis Das ist: Spiegel des bitteren Leydens vnnd Sterbens Jesu Christi« von 1663.** In: Ulrich Pinder: Speculum passionis: Das ist: Spiegel deß bitteren Leydens vnnd Sterbens Jesu Christi/ mit Kommentaren von Helmar Junghans und Christa-Maria Dreissiger. Neudruck der Ausgabe Salzburg, 1663, mit den Holzschnitten der Ausgabe Nürnberg, 1507. L; Wiesbaden 1986, 3-34.

120.2 **Ulrich Pinders »Speculum passionis domini nostri Ihesu christi« von 1507 ...**. In: 037, 31-48.

121 **Landeserschließung durch Klostergründungen der Benediktiner und Augustiner.** Der Sonntag 46 (Dresden 1991) Nr. 48 (1. Dezember), 5.

122 **Zisterzienser und Bettelorden in Sachsen.** Der Sonntag 47 (Dresden 1992) Nr. 17 (26. April), 5: Ill.

123 **Christen und Juden im Mittelalter.** In: 037, 49-66.

5 Beziehungen zwischen Luther und gleichzeitigen Strömungen, Gruppen, Persönlichkeiten und Ereignissen

a) Allgemein

124 **Der Laie als Richter im Glaubensstreit der Reformation.** LuJ 39 (1972), 31-54.

125 **Herbergen der Christenheit:** Jahrbuch für deutsche Kirchengeschichte/ von Helmar Junghans als Mitglied des Redaktionskreises mithrsg. zwischen 1973/74 [8] (1975) und 28/29 (2004/05) sowie der Reihe der HCh-Sonderbände 2-11 zwischen 1999 und 2007.

126 **Reformation.** In: Evangelisches Kirchenlexikon: internationale theologische Enzyklopädie/ hrsg. von Erwin Fahlbusch … 3. Aufl. (Neubearb.). Bd. 3: L-R. Göttingen 1992, 1470-1492.

126.2 **Reformation.** In: Evangelisches Kirchenlexikon: internationale theologische Enzyklopädie/ hrsg. von Erwin Fahlbusch … 3. Aufl. (Neubearb.). Elektron. Version. Bd. 3: L-R. B: Direktmedia, 2003, 1470-1492 – Bildschirm-S. 10950-11000. (Digitale Bibliothek; 98).

127 **Plädoyer für »Wildwuchs der Reformation« als Metapher.** LuJ 65 (1998), 101-108.

127.2 **Plädoyer für »Wildwuchs der Reformation« als Metapher.** In: 037, 261-267: Ill.

128 **Kaiser Reich, Territorium und Reformation.** In: Relationen: Studien zum Übergang vom Spätmittelalter zur Reformation; Festschrift zu Ehren Karl-Heinz zur Mühlen/ hrsg. von Athina Lexutt; Wolfgang Matz. Münster 2000, 78-93. (Arbeiten zur Historischen und Systematischen Theologie; 1).

b) Wittenberger Freunde

129 **Aurifaber, Johannes (1519-1575).** TRE 4 (1979), 752-755.

130 **Major (Maier), Georg, luth. Theologe.** NDB 15 (1987), 718 f.

131 **Bernhardi, Bartholomeus von Feldkirchen.** In: The Oxford encyclopedia of the Reformation/ hrsg. von Hans. J. Hillerbrand. Bd. 1. New York; Oxford 1996, 145 f.

132 **Hausmann, Nikolaus.** In: Ebd, 214 f.

133 **Philipp Melanchthon als theologischer Sekretär.** In: Der Theologe Melanchthon/ hrsg. von Günter Frank. Stuttgart 2000, 129-152. (Melanchthon-Schriften der Stadt Bretten; 5).

133.2 **Filipe Melanchthon como secretário teológico** (Philipp Melanchthon … <port>)/ übers. von Ilson Kayser. In: 038, 140-168.

134 **Spalatin, Georg (1484-1545).** TRE 31 (2000), 605-607.

135 **Philipp Melanchthons Loci theologici und ihre Rezeption in deutschen Universitäten und Schulen.** In: Werk und Rezeption Philipp Melanchthons in Universität und Schule: Tagung anläßlich seines 500. Geburtstages an der Universität Leipzig/ hrsg. von Günther Wartenberg unter Mitarb. von Markus Hein. L: EVA 1999, 9-30. (Herbergen der Christenheit: Sonderbd.; 2).

136 **Justus Jonas und die Erfurter Humanisten.** In: Justus Jonas (1493-1555) und seine Bedeutung für die Wittenberger Reformation/ hrsg. von Irene Dingel. Redaktion: Johannes Hund; Hans-Otto Schneider. L: EVA 2009, 15-37. (Leucorea-Studien zur Geschichte der Reformation und der Lutherischen Orthodoxie; 11).

137 **Philipp Melanchthons Loci theologici als Lehrbuch während seiner Lebenszeit.** In: Philipp Melanchthon: Lehrer Deutschlands, Reformator Europas/ hrsg. von Irene Dingel; Armin Kohnle. L: EVA, 2011, 153-161. (Leucorea-Studien zur Geschichte der Reformation und der Lutherischen Orthodoxie; 13).

c) Altgläubige

138 **Georg von Sachsen (1471-1539).** TRE 12 (1984), 385-389.
(Vgl. auch unter *B 5 d Humanisten*, Nr. 150 und *C FORSCHUNGSBERICHTE* … Nr. 334.)

d) Humanisten

139 **Der Einfluß des Humanismus auf Luthers Entwicklung bis 1518.** LuJ 37 (1970), 37-101.

139.2 Erg. Nachdruck unter dem Titel »**Humanisten in Luthers Umwelt**«. In: Nr. 145, 11-62.

139.3 Erg. Nachdruck unter dem Titel »**Humanisten in Luthers Umwelt**«. In: Nr. 145.2, 11-62.

140 **Das bleibende Erbe des Humanismus in der reformatorischen Bewegung.** In: Bullinger-Tagung 1975 = Vorträge gehalten aus Anlaß von Heinrich Bullingers 400. Todestag/ … hrsg. von Ulrich Gäbler und Endre Zsindely. Zürich 1977, 127-139.

141 **Initia gloriae Lutheri.** In: Unterwegs zur Einheit = Festschrift für Heinrich Stirnimann/ hrsg. von Johannes Brantschen; Pietro Selvatico. Freiburg, Schweiz; Freiburg i. Br. … 1980, 292-324.

141.2 **Initia gloriae Lutheri.** In: Nr. 145, 288-318.

141.3 **Initia gloriae Lutheri.** In: Nr. 145.2, 288-318.

142 **Beziehungen Martin Luthers zu Humanisten während der Anfänge seiner Entwicklung.** 2 Bde. Leipzig 1981. VI, 201 Bl.; Bl. 202-325. (maschinenschriftlich) – Leipzig, Universität, Fakultät für Theologie, Diss. B, 1981. [Vgl. Nr. 145]

143 **Luther als Bibelhumanist.** Luther 53 (1982), 1-9.

144 **Beziehungen Martin Luthers zu Humanisten während der Anfänge seiner Entwicklung.** Wissenschaftliche Zeitschrift der Karl-Marx-Universität Leipzig: Gesellschafts- und Sprachwiss. Reihe 32 (1983), 527 f.

145 **Der junge Luther und die Humanisten.** Weimar 1984. 356 S. (Arbeiten zur Kirchengeschichte; 8) [Enthält: Nr. 144 sowie auf Seite 11-62 einen erg. Nachdruck von Nr. 139 unter dem Titel »Humanisten in Luthers Umwelt«; auf Seite 274-287 Nr.

102 (102.2 f); auf Seite 240-273 Nr. 103 (103.2 f); auf Seite 288-318 Nr. 141].

145.2 **Der junge Luther und die Humanisten.** Nachdruck der Ausgabe Weimar 1984. Göttingen 1985. 356 S.

146 **Die Beziehungen des jungen Luther zu den Humanisten:** Martin Luther aus Eisleben, ein Bibelhumanist neben Desiderius Erasmus aus Rotterdam. In: Humanismus und Reformation – Martin Luther und Erasmus von Rotterdam in den Konflikten ihrer Zeit/ hrsg. von Otto Hermann Pesch. München; Zürich 1985, 33-50. (Schriftenreihe der Kath. Akademie der Erzdiözese Freiburg).

147 **Streiter für Humanismus und Reformation:** vor 500 Jahren wurde Ulrich von Hutten geboren. Neue Zeit 44 (1987) Nr. 90, 5.

148 **Der nationale Humanismus bei Ulrich von Hutten und Martin Luther.** Blätter für Pfälzische Kirchengeschichte und religiöse Volkskunde 55 (1988), 147-170 = Ebernburg-Hefte 22 (1988), 37-60.

148.2 **Der nationale Humanismus bei Ulrich von Hutten und Martin Luther.** In: 037, 67-90: Ill.

149 **Luther's development from biblical humanist to reformer/** übers. von Katharina Gustavs. In: 026, 1-14.

150 **Georgius Agricola zwischen Papsttreuen, Humanisten und Evangelischen.** HCh 19 (1995), 117-144.

151 **Anthropologische Vorstellungen unter Renaissancehumanisten.** LuJ 66 (1999), 107-134: Ill.

152 **Der mitteldeutsche Renaissancehumanismus:** Nährboden der Frühen Neuzeit. L: Sächsische Akademie der Wissenschaften zu Leipzig; Stuttgart; L: Hirzel, 2004. 39 S. (Sit-zungsberichte der Sächsischen Akademie der Wissenschaften zu Leipzig: Phil.-hist. Klasse; 139 I).

152.2 **Der mitteldeutsche Renaissancehumanismus:** Nährboden der Frühen Neuzeit [The central German Renaissance Humanism: matrix of the early modern times]/ Kurzfassung von Franz Posset. LuD 14 (2006), 95 f.

153 **Bibelhumanistische Anstöße in Luthers Entwicklung zum Reformator.** In: La Réformation: un temps, des hommes, un message; homage à Marc Lienhard à l'occasion de soixante-dixième anniversaire/ hrsg. von Matthieu Arnold ... Strasbourg 2005, 17-42. (Revue d'histoire et de philososophie religieuses; 85 I).

153.2 Bibelhumanistische Anstöße in Luthers Entwicklung zum Reformator [Impulses of biblical humanism in Luther's development towards being a reformer]/ engl. Zusammenfassung: Franz Posset. LuD 16 (2008), 40-42.

e) Thomas Müntzer und Bauernkrieg

154 **Ursachen für das Glaubensverständnis Thomas Müntzers 1524.** In: Der deutsche Bauernkrieg und Thomas Müntzer/ ... hrsg. von Max Steinmetz. L: Karl-Marx-Universtät 1976, 143-149.

155 **Thomas Müntzer als Wittenberger Theologe.** In: 022, 258-282.

156 **Der Wandel des Müntzerbildes in der DDR von 1951/52 bis 1989.** Luther 60 (1989), 102-130.

156.2 **Der Wandel des Müntzerbildes in der DDR von 1951/52 bis 1989.** In: Thomas Müntzer: ein streitbarer Theologe zwischen Mystik und Revolution: Protokoll einer Tagung der Evangelischen Akademie Baden vom 27.-29. Oktober 1989 in Bad Herrenalb/ Red.: Michael Nüchtern ... Karlsruhe 1990, 55-89. [mit Ergänzung: »Ausklang«] – Siehe Nr. 157.

156.3 **The battle over Martin Luther and Thomas Müntzer in the German Democratic Republic from 1949 to 1989** (Der Wandel des Müntzerbildes ... <engl.> [gekürzte Fassung])/ übers. von Katharina Gustavs. In: 026, 69-85.

156.4 **Der Wandel des Müntzerbildes in der DDR von 1951/52 bis 1989.** (1989). In: 037, 269-291: Ill.

157 **Wer war Thomas Müntzer?:** Texte einer Wanderausstellung des Bundes der Evangelischen Kirchen in der DDR. In: Nr. 156.2, 90-103.

157.2 **Wer war Thomas Müntzer?**: Texte einer Wanderausstellung des Bundes der Evangelischen Kirchen in der DDR. In: 037, 292-304.

158 **Zum 500. Geburtstag von Thomas Müntzer.** Teil 1: **Begegnung mit Humanisten in der Studienzeit.** Die Union 44 (Leipzig 1989) Nr. 24, 3; Der Neue Weg 44 (Halle u.a. 1989) Nr. 24, 3 – Dass. u. d. Titel: **Herkunft und Bildung.** Die Union 44 (Dresden u. a.

1989) Nr. 126, 2; Märkische Union 42 (Cottbus u.a. 1989) Nr. 126, 2.

159 **Zum 500. Geburtstag von Thomas Müntzer.** Teil 2: **Wittenberger Bibeltheologe mit eigenen Wegen.** Die Union/Der Neue Weg 44 (L; Halle u. a. 1989) Nr. 48, 5; Die Union 44/Märkische Union 42 (Dresden u. a.; Cottbus u. a. 1989) Nr. 143, 2.

160 **Zum 500. Geburtstag von Thomas Müntzer.** Teil 3: **Wittenberger Prediger in Jüterbog und Zwickau.** Die Union/Der Neue Weg 44 (L; Halle u. a. 1989) Nr. 66, 5; Die Union 44/Märkische Union 42 (Dresden u. a.; Cottbus u. a. 1989) Nr. 150, 2.

161 **Zum 500. Geburtstag von Thomas Müntzer.** Teil 4: **Mit scharfer Sichel in Gottes Ernte.** Die Union/Der Neue Weg 44 (L; Halle u. a. 1989) Nr. 71, 7; Die Union 44/Märkische Union 42 (Dresden u. a. ; Cottbus u.a. 1989), 165, 2.

162 **Zum 500. Geburtstag von Thomas Müntzer.** Teil 5: **Als Gottesdienstreformer in Allstedt.** Die Union/Der Neue Weg 44 (L; Halle u. a. 1989) Nr. 101, 3 – Dass. u. d. Titel: **Gottesdienstreformer in Allstedt.** Die Union 44/Märkische Union 42 (Dresden u. a.; Cottbus u. a. 1989), Nr. 167, 2.

163 **Zum 500. Geburtstag von Thomas Müntzer.** Teil 6: **Entschiedener Kampf gegen die Gottlosen.** Die Union/Der Neue Weg 44 (L; Halle u. a. 1989) Nr. 104, 3; Die Union 44/Märkische Union 42 (Dresden u. a.; Cottbus u. a. 1989) Nr. 171, 2.

164 **Zum 500. Geburtstag von Thomas Müntzer.** Teil 7: **Interesse an sichtbarer Erneuerung der Christenheit.** Die Union/Der Neue Weg 44 (L; Halle u. a. 1989) Nr. 106, 5 – Dass. u. d. Titel: **Aufrührer wider Willen.** Die Union 44/Märkische Union 42 (Dresden u. a.; Cottbus u. a. 1989) Nr. 173, 2.

165 **Zum 500. Geburtstag von Thomas Müntzer.** Teil 8: **Erneuerung der Christenheit und Klassenkämpfe.** Die Union/Der Neue Weg 44 (L; Halle u. a. 1989) Nr. 189, 3 – Dass. u. d. Titel: **Erneuerung und Klassenkämpfe.** Die Union 44/Märkische Union 42 (Dresden u. a.; Cottbus u. a. 1989) Nr. 175, 2.

166 **Zum 500. Geburtstag von Thomas Müntzer.** Teil 9: **Der Weg in die Katastrophe.** Die Union/Der Neue Weg 44 (L; Halle u.a. 1989) Nr. 201, 3; Die Union 44/Märkische Union 42 (Dresden u. a.; Cottbus u. a. 1989) Nr. 176, 2.

167 **Die Theologie Thomas Müntzers:** die Bibel als Spiegel der Zeit. Archiv für Reformationsgeschichte 82 (1991), 107-122: abstract, 122.

168 **Thomas Müntzer (1489-1989)**: a short biography on the occasion of his 500th birthday (Zum 500. Geburtstag von Thomas Müntzer. Teil 1-9 <engl.>)/ übers. von Katharina Gustavs. In: 026, 45-68. [Vgl. Nr. 158-166].

169 **Vorwort** [Quellen zu Thomas Müntzer]. In: 041, 15-27.

170 **Thomas Müntzer:** vor 500 Jahren begann der Theologe sein Studium in Leipzig. In: Jubiläen 2006: Personen, Ereignisse/ Redaktion: Volker Schulte. [L]: Universität Leipzig, 2006, 155-159. Ill.

171 Müntzer, Thomas: **Briefwechsel/** bearb. und kommentiert von Siegfried Bräuer; Manfred Kobuch. L: Sächsische Akademie der Wissenschaften: EVA, 2010. L, 581 S. (Thomas-Müntzer-Ausgabe: kritische Gesamtausgabe/ im Auftr. der Sächsischen Akademie der Wissenschaft zu Leipzig hrsg. von Helmar Junghans †; Armin Kohnle; 2) (Quellen und Forschungen zur sächsischen Geschichte; 25 II)
Siehe Nr. 224.

172 **Thomas Müntzer in Zwickau 1520/1521.** In: Thomas Müntzer – Zeitgenossen – Nachwelt: Siegfried Bräuer zum 80. Geburtstag/ hrsg. von Hartmut Kühne; Hans-Jürgen Goertz; Thomas T. Müller; Günter Vogler. Mühlhausen: Thomas-Müntzer-Gesellschaft, 2010, 163-188. (Thomas-Müntzer-Gesellschaft: Veröffentlichungen; 14).

f) »Schwärmer« und Täufer […]

g) Schweizer und Oberdeutsche […]

h) Juden

173 **Luther, der Judenfreund – Luther, der Judenfeind:** hier irrte Luther. Confessio Augustana (1996) Heft 4, 53-55: Ill.

174 **Martin Luther und die Juden.** Die Zeichen der Zeit 50 (1996), 162-169.

174.2 **Martin Luther und die Juden.** In: 037, 207-222: Ill.

174.3 **Lutero e os judeus** (Martin Luther und die Juden <port.>)/ übers. von Ilson Kayser. In: 038, 97-120.

i) Künstler, Kunst, Bilderfrage [...]

j) Territorien und Orte innerhalb des Deutschen Reiches

175 **Die geistliche Versorgung des Doms zu Meißen von der Reformation bis 1949.** In: Das Hochstift Meißen: Aufsätze zur sächsischen Kirchengeschichte/ hrsg. [unter Mitarb. von Helmar Junghans] von Franz Lau. Berlin 1973, 323-345. (Herbergen der Christenheit; Sonderbd.; [1]).

176 **Johann von Sachsen.** TRE 17 (1988), 103-106.

177 **Die Ausbreitung der Reformation von 1517 bis 1539.** In: Nr. 021, 33-65.

177.2 **Die Ausbreitung der Reformation von 1517 bis 1539.** In: 021.2, 36-67: Ill.

177.3 **Die Ausbreitung der Reformation von 1517 bis 1539.** In: 021.3, 36-67: Ill.

178 **Die Einführung der Reformation in das albertinische Sachsen:** christliche Freiheit und kirchliche Ordnung. In: HCh [17] (1991/92 [gedr. 1993]), 9-25.

179 **Martin Luthers Beziehungen zu Regensburg.** In: Reformation und Reichsstadt: protestantisches Leben in Regensburg/ hrsg. von Hans Schwarz. Regensburg 1994, 7-28. (Schriftenreihe der Universität Regensburg; 20).

180 **Luthers Beziehungen zu Leipzig bis zu seinem Tode 1546.** In: Luther und Leipzig: Beiträge und Katalog zur Ausstellung; Ausstellung vom 17. Februar bis 21. April 1996 im Alten Rathaus zu Leipzig anläßlich des 450. Todestages Martin Luthers/ hrsg. von Ekkehard Henschke; Klaus Sohl. L 1996, 7-24.

181 **Reformatorische Impulse, die Sachsen prägten:** Vortrag zum 9. Dresdner Gemeindegespräch am 20. Oktober 1999 im Hause der Kirche Dreikönigskirche Dresden. Dresden 2003. 16 S. (Vortragssamlung des Evangelischen Arbeitskreises der CDU/ hrsg. vom CDU-Landesverband Sachsen).

182 **Moritzrezeption und Moritzedition.** In: Moritz von Sachsen – ein Fürst der Reformationszeit zwischen Territorium und Reich: Internationales wissenschaftliches Kolloquium vom 26. bis 28. Juni 2003 in Freiberg (Sachsen)/ hrsg. von Karlheinz Blaschke. Stuttgart: Steiner, 2007, 298-312. (Quellen und Forschungen zur sächsischen Geschichte; 29).

183 **Anstellungen und Promotionen der Professoren und Dozenten der Theologischen Fakultät Leipzig von 1409 bis 2009.** In: 049, 37-70.

k) Territorien und Orte außerhalb des Deutschen Reiches [...]

6 Luthers Wirkung auf spätere Strömungen, Gruppen, Persönlichkeiten und Ereignisse

a) Allgemein

184 **Kirchengeschichtsschreibung in Leipzig im Wandel der Theologie und Wissenschaftskultur.** HCh 19 (1995), 9-25.

184.2 **Kirchengeschichtsschreibung in Leipzig ...** In: 037, 391-406.

185 **Die Lutherrezeption in Leipzig nach 1546.** In: Luther und Leipzig: Beiträge und Katalog zur Ausstellung; Ausstellung vom 17. Februar bis 21. April 1996 im Alten Rathaus zu Leipzig anläßlich des 450. Todestages Martin Luthers/ hrsg. von Ekkehard Henschke; Klaus Sohl. L 1996, 51-70. 151-169.

186 **Theologie und Geschichtsschreibung:** Erforschung der Reformationsgeschichte seit Theodor Brieger (1886) am Institut

für Kirchengeschichte der Theologischen Fakultät Leipzig. HCh 21/22 (1997/98), 101-118.

b) Orthodoxie und Gegenreformation

187 **Irenäus, Christoph.** NDB 10 (1974), 178.
188 **Judex, Matthias.** NDB 10 (1974), 639.
189 **Das Konkordienbuch 1580.** Der Sonntag 44 (1989) Nr. 34, 3.
190 **Kryptocalvinisten.** TRE 20 (1990), 123-129.
191 **Vorwort** [Politische Korrespondenz des Herzogs und Kurfürsten Moritz von Sachsen. Bd. 6]. In: Nr. 045, VII-XI.
192 **Die kursächsische Kirchen- und Schulordnung von 1580 – Instrument der »lutherischen« Konfessionalisierung?** In: 046, 208-238.

c) Pietismus und Aufklärung

193 **Der Einfluß des »Absolutismus« auf die sächsische Kirchengeschichte.** In: 037, 355-369.

d) 19. und 20. Jahrhundert bis 1917

194 **Kahnis, Karl Friedrich August.** NDB 11 (1977), 29.
195 **Die Berufung von Gottlieb Christoph Adolf Harleß nach Leipzig und die Erneuerung des Luthertums in Sachsen.** Jahrbuch für Regionalgeschichte 14 (1987), 282-300.
195.2 **Die Berufung von Gottlieb Christoph Adolph von Harleß nach Leipzig und die Erneuerung des Luthertums in Sachsen.** (1987). In: 037, 371-390.
196 **Die Reformationsgeschichte bei Theodor Brieger.** In: Wissenschafts- und Universitätsgeschichte in Sachsen im 18. und 19. Jahrhundert: nationale und internationale Wechselwirkung und Ausstrahlung: Beiträge .../ hrsg. ... von Karl Czok. Berlin 1987, 237-242. (Abhandlungen der Sächsischen Akademie der Wissenschaften, Philologisch-historische Klasse; 71 III).

e) 1918 bis 1996

197 **Die Ablaßkonstitution vom 1. Januar 1967 und Luther.** Informationsdienst der Konfessionskundlichen Forschungsstelle des Evang. Bundes 2 (1967), 125-138.
197.2 **Die Ablaßkonstitution vom 1. Januar 1967 und Luther.** In: 037, 305-318.
198 **In memoriam D. Franz Lau.** LuJ 42 (1975), 7-10.
199 **In memoriam D. Franz Lau.** [erw. Nekrolog]. HCh [9] (1975/76), 227-229.
200 **Ist die lutherische Agende zeit-, orts- und gemeindegemäß?** LuJ 42 (1975), 11-32.
200.2 **Ist die lutherische Agende zeit-, orts- und gemeindegemäß?** Amtsblatt der Evang.-Luth. Landeskirche Sachsens (1976), B 5-10. 13 f.
200.3 **Ist die lutherische Agende zeit-, orts- und gemeindegemäß?** Amtsblatt der Evang.-Luth. Kirche in Thüringen 29 (1976), 50-52. 55-60.
200.4 **Ist die lutherische Agende zeit-, orts- und gemeindegemäß?** In: 037, 339-354.
200.5 **Ist die lutherische Agende zeit-, orts- und gemeindegemäß?** In: Situationsgerecht Gottesdienst feiern: zur Verbesserung liturgischen Handelns/ hrsg. von Hans-Hermann Tiemann. Bd. 1. Bielefeld 2009, 88-105.
201 **Kirn, Otto.** NDB 11 (1977), 669 f.
202 **Übereinstimmungen und Unterschiede zwischen der »Konkordienformel« von 1577 und der »Leuenberger Konkordie« von 1973.** Amtsblatt der Evang.-Luth. Landeskirche Sachsens (1978), B 13-22.
202.2 **Übereinstimmungen und Unterschiede zwischen der »Konkordienformel« von 1577 und der »Leuenberger Konkordie« von 1973.** In: Themen Luthers als Fragen der Kirche heute: Beiträge zur gegenwärtigen Lutherforschung/ hrsg. von Joachim Rogge ... Berlin 1982, 129-148.
202.3 **Übereinstimmungen und Unterschiede zwischen der »Konkordienformel« von 1577 und der »Leuenberger Konkordie« von 1973.** In: 037, 319-338.
203 **Podest oder Bekenntnis zum Kreuz:** über den Standort des Reformators. Die Union 35 (Dresden 1980) Nr. 258, Beilage 43.
204 **Lau, Franz.** NDB 13 (1982), 686 f.
205 **Luthers Eintreten für den Frieden.** In: Die Ehrung Martin Luthers: eine Manifestation im Geiste des Friedens, der Humanität und Völkerverständigung = Tagung der

Arbeitsgruppe Christliche Kreise beim Nationalrat der Nationalen Front der DDR am 4. Oktober 1982 in Halle: Arbeitsmaterial. [B 1982], 40-42.

206 **Die Reformation geht weiter = Themengruppe 12.** In: Wegmarken: berichten – beraten – besinnen: Kongreß und Kirchentag 6. bis 9. Juli 1989 in Leipzig/ hrsg. vom Kongreß und Kirchentag in der Ev.-Luth. Landeskirche Sachsens. Zittau-Görlitz 1990, 40 f.

207 **The Christians' contribution to the non-violent revolution in the GDR in the fall of 1989/** aus dem Dt. übers. von Katharina Junghans. Philosophy & theology 6 (Milwaukee, WI 1991) fall, 79-93.

207.2 **The Christians' contribution to the non-violent revolution in the German Democratic Republic in the fall of 1989/** aus dem Dt. übers. von Katharina Gustavs. In: 026, 86-99.

208 **Die »Herbergen der Christenheit« während und nach der DDR.** HCh 18 (1993/94), 7-15.

209 **Franz Lau als Kirchenhistoriker.** In: 051, 15-25.

7 Luthers Gestalt und Lehre in der Gegenwart

210 ***Bibliographie Helmar Junghans:*** zu seinem 60. Geburtstag/ zsgest. von Michael Beyer. ThLZ 116 (1991), 775-796 (mit Rezensionen).

211 ***Laudatio Helmar Junghans zum 60. Geburtstag am 19. 10. 1991.*** ThLZ 116 (1991), 878.

213 **Wie wird Luther heute gesehen?** In: Kirche im Tourismus: Dokumentation über das Seminar für Mitarbeiter/innen aus touristisch bedeutsamen Kirchen; 18.-21. September 1995 in Krummenhennersdorf Sachsen/ zsgest. von Hans Zinnow. [B]: Arbeitsgemeinschaft Missionarische Dien-ste in der Evang. Kirche in Deutschland, 1995, 32-40: Ill., Kt.

214 Beyer, Michael: ***Zum 65. Geburtstag von Prof. Dr. Dr. h. c. Helmar Junghans.*** Universität Leipzig (1996) Heft 7, November, 35: Portr.

215 ***Humanismus und Wittenberger Reformation:*** Festgabe anläßlich des 500. Geburtstages des Praeceptor Germaniae, Philipp Melanchthon, am 16. Februar 1997; ***Helmar Junghans gewidmet/*** hrsg. von Michael Beyer und Günther Wartenberg unter Mitw. von Hans-Peter Hasse. Leipzig 1996. 444 S. Ill.

216 ***Bibliographie Helmar Junghans 1959 bis 2001:*** zu seinem 70. Geburtstag neu bearb. von Michael Beyer. In: 037, 407-420.

217 ***Helmar Junghans zum 65. Geburtstag/*** Theol. Fakultät der Universität Leipzig, Matthias G. Petzoldt, Dekan. ThLZ 122 (1997), 413.

218 **Zugewählte Mitglieder:** Selbstvorstellung; Helmar Junghans. Sächsische Akademie der Wissenschaften zu Leipzig: Jahrbuch (1995-1996). Leipzig 1998, 467-470.

219 **Dankeswort an Karl Dienst und Reinhard Schwarz.** Luther 71 (2000), 57-60.

220 **Siegfried Bräuer zum 70. Geburtstag – ein Lebensbild.** In: Bräuer, Siegfried: Spottgedichte, Träume und Polemik in den frühen Jahren der Reformation: Abhandlungen und Aufsätze/ hrsg. von Hans-Jürgen Goertz; Eike Wolgast; mit einem Lebensbild des Autors von Helmar Junghans. L: EVA, 2000. 295 S.: Ill. & Beilage (1 Korrekturbl. zu S. 295).

221 **A teologia de Lutero no di logo inter-religioso e intercultural** (Martin Luthers Theologie im interreligiösen und interkulturellen Dialog)/ aus dem Dt. übers. von Ilson Kayser. In Nr. 038, 121-139.

222 **Kurt Nowak (28.10.1942-31.12.2001).** In: Sächsische Akademie der Wissenschaften zu Leipzig: Jahrbuch 2001-2002/ im Auftr. der Akademie hrsg. von Heinz Penzlin. L; Stuttgart 2003, 559-562.

223 **In memoriam Günther Wartenberg.** In: 046, 10-13.

224 Bräuer, Siegfried: ***Helmar Junghans und die Müntzerforschung.*** In: Nr. 171, XXXIII-XXXVIII.

225 Schilling, Johannes: ***In memoriam Helmar Junghans.*** LuJ 77 (2010), 11-14.

226 ***In memoriam*** [Gottfried Maron; Helmar Junghans]. Luther 81 (2010), 172 f.

8 Schauspiele, Filme, Varia

[Siehe oben Nr. 85 mit 85.2 f]

C FORSCHUNGSBERICHTE, SAMMELBESPRECHUNGEN, BIBLIOGRAPHIEN

227 **Bibliographie Heinrich Hermelink/** zsgest. von Helmar Junghans. ThLZ 84 (1959), 551-559.
228 **LuB 1963/** mit … und Helmar Junghans bearb. von Franz Lau. LuJ 30 (1963), 150-176.
229 **LuB 1964/** mit … und Helmar Junghans bearb. von Franz Lau. LuJ 31 (1964), 154-176.
230 **LuB 1965/** mit … bearb. von Franz Lau und Helmar Junghans. LuJ 32 (1965), 155-181.
231 **LuB 1966/** mit … bearb. von Franz Lau und Helmar Junghans. LuJ 33 (1966), 161-192.
232 **LuB 1967/** mit … bearb. von Franz Lau und Helmar Junghans. LuJ 34 (1967), 145-176.
233 **LuB 1968/** mit … bearb. von Franz Lau und Helmar Junghans. LuJ 35 (1968), 123-161.
234 **LuB 1969/** mit … bearb. von Franz Lau und Helmar Junghans. LuJ 36 (1969), 133-176.
235 **Zeitschriftenschau: Territorialkirchengeschichte.** ThLZ 94 (1969), 711-720. 873-878.
236 **LuB 1970/** mit … bearb. von Franz Lau und Helmar Junghans. LuJ 37 (1970), 135-176.
237 **LuB 1971/** mit … bearb. von Franz Lau und Helmar Junghans. LuJ 38 (1971), 139-176.
238 **Zeitschriftenschau: Territorialkirchengeschichte.** ThLZ 96 (1971), 632-638.
239 **Luther und die Welt der Reformation.** LuJ 39 (1972), 121-138.
240 **LuB 1972/** bearb. mit … von Franz Lau und Helmar Junghans. LuJ 39 (1972), 139-180.
241 **Vorwort des Herausgebers.** LuJ 39 (1972), 7 f.
242 **Zeitschriftenschau: Territorialkirchengeschichte**. ThLZ 97 (1972), 795-798.
243 **LuB 1973/** mit … bearb. von Helmar Junghans; Wolfgang Rochler. LuJ 40 (1973), 149-184.
244 **Luther und die Welt der Reformation.** LuJ 40 (1973), 141-148.
245 **Zeitschriftenschau: Territorialkirchengeschichte**. ThLZ 98 (1973), 638-640.
246 **LuB 1974/** mit … bearb. von Helmar Junghans; Wolfgang Rochler. LuJ 41 (1974), 152-186.
247 **Luther und die Welt der Reformation.** LuJ 41 (1974), 138-151.
248 **Zeitschriftenschau: Territorialkirchengeschichte**. ThLZ 99 (1974), 75 f.
249 **Inhalt, Ordnung und Form der Lutherbibliographie.** LuJ 42 (1975), 126-130.
250 **Luther und die Welt der Reformation.** LuJ 42 (1975), 146-154.
251 **LuB 1975/** mit … bearb. von Helmar Junghans; Wolfgang Rochler. LuJ 42 (1975), 155-193.
252 **Zeitschriftenschau: Territorialkirchengeschichte**. ThLZ 100 (1975), 239 f.
253 **Luther und die Welt der Reformation.** LuJ 43 (1976), 140-153.
254 **LuB 1976/** mit … bearb. von Helmar Junghans; Günther Wartenberg. LuJ 43 (1976), 154-191.
255 **Zeitschriftenschau: Territorialkirchengeschichte**. ThLZ 101 (1976), 157-160. 557-560. 636-640. 720.
256 **LuB 1977/** mit … bearb. von Helmar Junghans; Günther Wartenberg. LuJ 44 (1977), 147-200.
257 **Luther und die Welt der Reformation.** LuJ 45 (1978), 150-161.
258 **LuB 1978/** mit … bearb. von Helmar Junghans; Günther Wartenberg. LuJ 45 (1978), 162-204.
259 **Zeitschriftenschau: Territorialkirchengeschichte**. ThLZ 103 (1978), 157-160. 619-622. 702. 921-924.
260 **Luther und die Welt der Reformation.** LuJ 46 (1979), 144-150.

261 **LuB 1979/** mit ... bearb. von Helmar Junghans und Günther Wartenberg. LuJ 46 (1979), 151-194.

262 **Luther und die Welt der Reformation.** LuJ 47 (1980), 132-142.

263 **LuB 1980/** mit ... bearb. von Helmar Junghans und Günther Wartenberg. LuJ 47 (1980), 143-192.

264 **Sprache der Zeit:** Textausgaben zum Lutherjubiläum 1983. Neue Zeit 36 (B 1980) Nr. 110, 5.

265 **LuB 1981/** mit ... bearb. von Helmar Junghans; Günther Wartenberg. LuJ 48 (1981), 162-222.

266 **LuB 1982/** mit ... bearb. von Helmar Junghans; Günther Wartenberg. LuJ 49 (1982), 150-204.

267 **Wissenschaftliche Bemühungen um Luther:** Gespräch Gottfried Kretzschmars mit dem Leipziger Lutherforscher Helmar Junghans. Standpunkt 10 (1982), 238 f.

268 **LuB 1983/** mit ... bearb. von Helmar Junghans; Günther Wartenberg. LuJ 50 (1983), 187-232.

269 **LuB 1984/** mit ... bearb. von Helmar Junghans; Michael Beyer; Günther Wartenberg. LuJ 51 (1984), 109-200.

270 **Was erbrachte die Luther-Ehrung?:** erster Versuch einer Bilanzierung in einer Umfrage unter Gesellschaftswissenschaftlern und Theologen/ hrsg. von Günter Wirth. Standpunkt 12 (1984), 40-57.

271 **LuB 1985/** mit ... bearb. von Helmar Junghans; Michael Beyer. LuJ 52 (1985), 303-396.

272 **Lutherbiographien zum 500. Geburtstag des Reformators 1983.** ThLZ 110 (1985), 401-442.

273 **Aus der Ernte des Lutherjubiläums 1983.** LuJ 53 (1986), 55-138.

274 **LuB 1986/** mit ... bearb. von Helmar Junghans; Michael Beyer. LuJ 53 (1986), 149-229.

275 **Luther und die Welt der Reformation.** LuJ 54 (1987), 118-138.

276 **LuB 1987/** mit ... bearb. von Helmar Junghans und Michael Beyer. LuJ 54 (1987), 139-226.

277 **Luther und die Welt der Reformation.** LuJ 55 (1988), 122-135.

278 **LuB 1988/** mit ... bearb. von Helmar Junghans; Michael Beyer; Katharina Hiecke. LuJ 55 (1988), 136-212.

279 **LuB 1989/** mit ... bearb. von Helmar Junghans; Michael Beyer; Katharina Hiecke. LuJ 56 (1989), 159-213.

280 **LiljeML/** ... mit neubearb. Bibliographie von Helmar Junghans. 15. Aufl., 100.-102. Tsd. 1990.

281 **Luther und die Welt der Reformation.** LuJ 57 (1990), 295-315.

282 L**uB 1990/** mit ... bearb. von Helmar Junghans; Michael Beyer; Katharina Hiecke. LuJ 57 (1990), 316-373.

283 **Luther und die Welt der Reformation.** LuJ 58 (1991), 121-141.

284 **LuB 1991/** mit ... bearb. von Helmar Junghans; Michael Beyer; Reinhard Junghans. LuJ 58 (1991), 142-210.

285 **LiljeML/** mit neubearb. Bibliographie von Helmar Junghans. 16. Aufl. 103.-105. Tsd. 1992.

286 **LuB 1992/** mit ... bearb. von Helmar Junghans; Michael Beyer; Reinhard Junghans. LuJ 59 (1992), 210-264.

287 **Martin Luther und die Welt der Reformation.** LuJ 59 (1992), 194-209.

288 **Bibliographie der im »Lutherjahrbuch« und in der Zeitschrift »Luther« von 1979 bis 1993 erschienenen Beiträge/** hrsg. von Helmar Junghans. Lu 60 (1993) I-XV.

289 **LuB 1993/** mit ... bearb. von Helmar Junghans; Michael Beyer; Reinhard Junghans. LuJ 60 (1993), 159-221.

290 **Martin Luther und die Welt der Reformation.** LuJ 60 (1993), 147-158.

291 **LiljeML/** ... mit neubearb. Bibliographie von Helmar Junghans. 17. Aufl. 106.-108. Tsd. 1994.

292 **LuB 1994/** mit ... bearb. von Helmar Junghans; Michael Beyer; Hans-Peter Hasse. LuJ 61 (1994), 143-194.

293 **Martin Luther und die Welt der Reformation.** LuJ 61 (1994), 130-142.

294 **LiljeML/** ... mit neubearb. Bibliographie von Helmar Junghans. 18. Aufl. 109.-111. Tsd. 1995.

295 **LuB 1995**/ mit … bearb. von Helmar Junghans; Michael Beyer; Hans-Peter Hasse. LuJ 62 (1995), 254-319.

296 **Martin Luther und die Welt der Reformation.** LuJ 62 (1995), 238-253.

297 **Bibliographie der Sächsischen Kommission für Geschichte / Historischen Kommission bei der Sächsischen Akademie der Wissenschaften zu Leipzig**/ von Helmar Junghans; Christian Winter. In: Geschichtsforschung in Sachsen/ von der Sächsischen Kommission für Geschichte zur Historischen Kommission bei der Sächsischen Akademie der Wissenschaften zu Leipzig; 1896-1996/ Hist. Kommission der Sächsischen Akademie der Wissenschaften zu Leipzig; Redaktion: Reiner Groß; Helmar Junghans, Manfred Unger, Gerald Wiemers. Stuttgart 1996, 123-143. (Quellen und Forschungen zur sächsischen Geschichte; 14).

298 **LiljeML**/ … mit neubearb. Bibliographie von Helmar Junghans. 19. Aufl. 112.-114. Tsd. 1996.

299 **LuB 1996**/ mit … bearb. von Helmar Junghans; Michael Beyer; Hans-Peter Hasse. LuJ 63 (1996), 143-200.

300 **Martin Luther und die Welt der Reformation.** LuJ 63 (1996), 135-142.

301 **LiljeML**/ … mit 1990 neubearb. Bibliographie von Helmar Junghans. 20. Aufl., 115.-117. Tsd. 1997.

302 **LuB 1997**/ mit … bearb. von Helmar Junghans; Michael Beyer; Hans-Peter Hasse. LuJ 64 (1997), 151-216.

303 **Martin Luther und die Welt der Reformation.** LuJ 64 (1997), 137-150.

304 **LiljeML**/ … mit 1990 neubearb. Bibliographie von Helmar Junghans. 21. Aufl., 118.-120. Tsd. 1998.

305 **LuB 1998**/ mit … bearb. von Helmar Junghans; Michael Beyer; Hans-Peter Hasse. LuJ 65 (1998), 188-268.

306 **Das Luthergedenken 1996.** LuJ 65 (1998), 109-178.

307 **LuB 1999**/ mit … bearb. von Helmar Junghans; Michael Beyer; Hans-Peter Hasse. LuJ 66 (1999), 324-392.

308 **Die politische Korrespondenz des Herzogs und Kurfürsten Moritz von Sachsen.** In: Sächsische Akademie der Wissenschaften zu Leipzig: Geschichte ausgewählter Arbeitsvorhaben/ im Auftr. der Akademie hrsg. von Heinz Penzlin. L; Stuttgart 1999, 161-180.

309 **LiljeML**/ … mit 1990 neubearb. Bibliographie von Helmar Junghans. 22. Aufl. 2000.

310 **LuB 2000**/ mit … bearb. von Helmar Junghans; Michael Beyer; Heiko Jadatz. LuJ 67 (2000), 179-252.

311 **Das Melanchthonjubiläum 1997:** Teil 1: **Quellen, Biographien, Ausstellungen, Reiseführer, Medaillen, Tagungen.** LuJ 67 (2000), 95-162. [siehe Nr. 319].

312 **LuB 2001**/ mit … bearb. von Helmar Junghans; Michael Beyer; Heiko Jadatz. LuJ 68 (2001), 153-208.

313 **Martin Luther und die Welt der Reformation.** LuJ 68 (2001), 137-152.

314 **LiljeML**/ … mit 2002 neubearb. Bibliographie von Helmar Junghans. 23. Aufl. 2002.

315 **LuB 2002**/ mit … bearb von Helmar Junghans; Michael Beyer; Heiko Jadatz; Martin Teubner. LuJ 69 (2002), 155-204.

316 **Martin Luther und die Welt der Reformation.** LuJ 69 (2002), 133-144.

317 **LiljeML**/ … mit 2002 neubearb. Bibliographie von Helmar Junghans. 24. Aufl. 2003.

318 **LuB 2003**/ mit … bearb. von Helmar Junghans; Michael Beyer; Heiko Jadatz; Martin Teubner. LuJ 70 (2003 [gedr. 2004), 235-284.

319 **Das Melanchthonjubiläum 1997.** Teil 2: **Tagungen (Fortsetzung), Vorlesungsreihen, Festschriften, Monographien zur Theologie und Frömmigkeit, Reformationsjubiläen.** LuJ 70 (2003 [gedr. 2004), 175-214. [siehe Nr. 311].

320 **LiljeML**/ … mit 2002 neubearb. Bibliographie von Helmar Junghans. 25. Aufl. 2004.

321 **LuB 2004**/ bearb. von Helmar Junghans; Michael Beyer; Cornelia Schnapka-Bartmuß; Martin Teubner. LuJ 71 (2004), 313-394.

322 **Martin Luther und die Welt der Reformation.** LuJ 71 (2004), 291-306.

323 **LuB 2005/** mit ... bearb. von Helmar Junghans; Michael Beyer; Cornelia Schnapka-Bartmuß. LuJ 72 (2005 [gedr. 2006]), 209-267.

324 **Martin Luther und die Welt der Reformation.** LuJ 72 (2005 [gedr. 2006]), 183-198.

325 **LiljeML/** ... mit 2002 neubearb. Bibliographie von Helmar Junghans. 26. Aufl. 2006.

326 **LuB 2006/** mit ... bearb. von Helmar Junghans; Michael Beyer; Cornelia Schnapka-Bartmuß. LuJ 73 (2006 [gedr. 2007]), 225-288.

327 **Martin Luther und die Welt der Reformation.** LuJ 73 (2006 [gedr. 2007]), 195-214.

328 **Fünfzig Jahre »Lutherjahrbuch« aus Leipzig**. LuJ 74 (2007 [gedr. 2008]), 181-198.

329 **LuB 2007/** mit ... bearb. von Helmar Junghans; Michael Beyer; Cornelia Schnapka-Bartmuß. LuJ 74 (2007 [gedr. 2008]), 209-276.

330 **LiljeML/** ... mit 2002 neubearb. Bibliographie von Helmar Junghans. 27. Aufl. 2008.

331 **LuB 2008/** mit ... bearb. von Helmar Junghans; Michael Beyer; Alexander Bartmuß; Cornelia Schnapka-Bartmuß. LuJ 75 (2008), 233-288.

332 **Martin Luther und die Welt der Reformation**. LuJ 75 (2008), 209-218.

333 **LuB 2009/** mit ... bearb. von Helmar Junghans; Michael Beyer unter Mitarb. von Stefan Reichelt. LuJ 76 (2009 [gedr. 2010]), 305-355.

334 **Vorwort**. In: Akten und Briefe zur Kirchenpolitik Herzog Georgs von Sachsen. Dritter Band/ hrsg. von Heiko Jadatz; Christian Winter. Köln; Weimar; Wien 2010, 7-10.

Mitarbeiterverzeichnis

Dr. Michael *Beyer*, Wiss. Mitarbeiter am Institut für Kirchengeschichte der Theologischen Fakultät der Universität Leipzig

Prof. Dr. Siegfried *Bräuer*, Prof. em. der Humboldt-Universität Berlin

Prof. Dr. Irene *Dingel*, Direktorin des Leibniz Instituts für Europäische Geschichte, Abteilung Abendländische Religionsgeschichte, Mainz

Prof. Dr. Klaus *Fitschen*, Lehrstuhl für neuere und neueste Kirchengeschichte am Institut für Kirchengeschichte der Theologischen Fakultät der Universität Leipzig, Dekan

Prof. Dr. Armin *Kohnle*, Lehrstuhl für Spätmittelalter, Reformation und territoriale Kirchengeschichte der Theologischen Fakultät der Universität Leipzig

Lenore *Lobeck*, Schriftstellerin und Journalistin, Schwarzenberg

Prof. Dr. Gerhard *Müller*, Prof. em. für Historische Theologie an der Universität Erlangen-Nürnberg, Bischof i. R. der Evangelisch-Lutherischen Landeskirche in Braunschweig

Prof. Dr. Dr. Johannes *Schilling*, Lehrstuhl für Kirchen- und Dogmengeschichte und Direktor des Instituts für Kirchengeschichte und Kirchliche Archäologie der Theologischen Fakultät der Christian-Albrechts-Universität zu Kiel

Personenregister

Nicht aufgenommen wurden in das folgende Personenregister die Einträge Helmar Junghans und Martin Luther sowie die Namen des Schriftenverzeichnisses S. 101-124.